COLLECTION DE MÉMOIRES

RELATIFS

A L'HISTOIRE DE BELGIQUE

MÉMOIRES SUR LE MARQUIS DE VAREMBON

MÉMOIRES

SUR LE

MARQUIS DE VAREMBON

AVEC NOTICE & ANNOTATIONS

PAR FEU

JULES BORGNET

ARCHIVISTE DE LA VILLE DE NAMUR

BRUXELLES

PAR LA SOCIÉTÉ DE L'HISTOIRE DE BELGIQUE

11, RUE DU MUSÉE, 11

MDCCCLXXIII

PRÉFACE

Les mémoires qui suivent sont extraits du manuscrit n° 413 de la *Collection de Lorraine*, à la bibliothèque nationale de Paris. Ils occupent dans ce volume 28 feuillets in-folio d'une assez bonne écriture de la fin du XVIe siècle ou du commencement du XVIIe.

Les recherches que j'ai faites ou que d'autres ont bien voulu faire pour moi, m'autorisent à dire que ces mémoires sont inédits et même inconnus.

L'auteur de ce petit ouvrage ne se nomme pas; mais l'éloge qu'il fait des troupes bourguignonnes démontre assez clairement qu'il était de la Franche-Comté, province dépendante alors de l'Espagne.

Fut-il témoin oculaire des faits qu'il rapporte?

Rien ne le prouve suffisamment. Mais il semble assez probable qu'il était attaché à la personne de Marc de Rye, marquis de Varembon, colonel bourguignon au service d'Espagne. De là, le rôle important qu'il fait jouer à cet homme de guerre, le silence qu'il garde généralement sur les événements auxquels le marquis resta étranger, enfin le soin avec lequel il enregistre le nombre et la nature des blessures que ce capitaine reçut ou même qu'il faillit recevoir.

Il ne faut donc pas chercher dans ces mémoires une histoire complète des faits qui se passèrent dans notre pays, depuis la réconciliation des provinces wallonnes, jusqu'à la prise de Venloo (1579-1586). Mais s'ils sont, sous ce rapport, singulièrement incomplets, en revanche ils donnent sur certains événements auxquels le marquis de Varembon se trouva mêlé, des détails qu'on chercherait vainement dans les ouvrages qui, comme ceux de Strada, le Petit, Bentivoglio et van Meteren, ont traité longuement de l'histoire de cette époque si orageuse.

C'est pourquoi nous avons intitulé ce récit : « Mémoires sur le marquis de Varembon. »

Quelques mots sur ce personnage ne seront donc pas déplacés ici.

Au dire de l'auteur de ces Mémoires, Marc de Rye était « des principales maisons de Bourgogne. » *Dunod de Charnage* et *Gollut* [1] donnent d'assez longs détails sur la généalogie de cette famille qui portait d'azur à l'aigle d'or.

Simon, seigneur de Rye, Balençon et Dicey, épousa Antoinette de la Baume Montrevel, qui lui donna douze enfants en six couches, six garçons et six filles. Le second de ses fils, *Gerard de Rye*, eut de son mariage avec Louise de Longwy, Philibert, Marc, Claude, Joachim et Antoinette.

Claude, baron de Vuillafans, capitaine de chevau-légers est probablement celui qui fut battu et tué par Maurice de Nassau, entre Turnhout et Herenthals, le 24 janvier 1597[2]. *Joachim*, marquis de Tréfort, gouverneur de Bresse, décéda sans postérité en 1603. *Antoinette* épousa Gaspard d'Andelot, baron de Chemilli.

Philibert de Rye, baron de Balençon, l'aîné de

---

[1] DUNOD DE CHARNAGE, *Mémoires pour servir à l'histoire du comté de Bourgogne*, Besançon, 1740, p. 79 et 510. — LOYS GOLLUT, *Mém. hist. de la république sequanaise*, p. 564, 1125 et 1648. —Voy. aussi *Bull. de la Com. roy. d'hist.*, 1re série, t. XI, p. 151; et 2e série, I, 142.

[2] Claude de Rye, comte de Varax, baron de Balençon, était maître de camp général de l'armée, quand il fut tué entre Turnhout et Herenthals. MONTPLEINCHAMP. *Histoire de l'archiduc Albert*, 152 et 153.

la famille, réunit la majeure partie des biens de sa maison. Il eut pour fils Christophe de Rye de la Palu, marquis de Varembon, comte de Varax, et de la Roche, et pour petits-fils Claude de Rye, baron de Balençon, général de l'artillerie dans les Pays-Bas et gouverneur de Namur, en 1645. Philibert, était capitaine de chevau-légers ; comme l'indiquent ces Mémoires, il fut fait prisonnier dans une escarmouche près de Bergues Saint-Winoc, en 1582, et mourut en 1586.

Quant à Marc de Rye, c'est celui que ces mémoires mentionnent si fréquemment, sous le nom de marquis de Varembon. A l'époque de la bataille de Gembloux, il était colonel d'un régiment de Bourguignons [1]. Vers la même époque, il fut chargé par don Juan d'Autriche d'une mission près de l'empereur, des archiducs Charles et Ferdinand, du duc de Bavière et d'autres princes de l'empire. Il se signala dans les armées d'Alexandre Farnèse, et il commandait en 1582 quatorze enseignes de Bourguignons (1700 hommes). Ses services lui valurent, après la prise d'Anvers, le collier de chevalier de la Toison d'or.

[1] C'est vers cette époque qu'il eut, avec Mlle de Tournon, l'intrigue amoureuse racontée par l'auteur de l'*Histoire de don Jean d'Autriche*, (Amsterdam, 1690, 232 ;) et par les *Mémoires de* MARGUERITE DE VALOIS, édition de Charles Caboche, 144, 153 et suiv.

Par son testament, daté de 1592, sa tante Claudine de Rye, veuve de Jean de la Palu, comte de la Roche et de Varax, lui laissa les biens considérables dont elle avait hérité, c'est à dire ceux des anciens comtes de la Roche, des seigneurs de Villersexel et de la branche aînée de la maison de la Palu, établie au comté de Bourgogne.

Marc de Rye était alors gouverneur de l'Artois. En 1596, il fut battu et fait prisonnier par les français et remplacé dans ses fonctions par le duc d'Arschot. Devenu libre, il épousa, en 1597, Dorothée de Lorraine, douairière d'Eric, duc de Brunswick. Il mourut en décembre 1598.

MÉMOIRES

DES

EXPLOITS DE LA GENDARMERIE

*du roy Philippe, très catholicque roy des Espagnes,
ès Peis Bas de Flandre, durant le gouvernement
d'Alexandre, prince de Parme et de Plaisance,
depuis la pacification des provinces réconciliées.*

Alexandre Farnèse, prince de Parme et de Plaisance, demeuré lieutenant-général du très catholicque roy Philippe, ès Peis d'embas de Flandres, dez le décès de don Juan d'Austriche[1], continuoit à travailler de réduire en l'obéissance du roy les peys et villes y révoltées, et tenoit avecque très belle et puissante armée la ville de Maestricht assiégée[2], lorsque les Estats des peys d'Artois et de Haynault, après que le duc d'Alençon fut sorti de Mons, demandèrent réconciliation avec le roy. A quoy fut volontiers entendu, pour la bonne inclination qu'a tousjours heu[3]

---

[1] 1er octobre 1578.

[2] Du 8 mars au 9 juin 1579.

[3] On trouvera fréquemment dans ce récit *heu, heurent, vehu, pehu,* etc., pour *eu, eurent, vu, pu,* etc.

le roy de conserver ses subjects, en leur remettant
beaucoup de choses que justement il leur pouvoit desnier [1], plustost que, appliquant la rigueur de sa puissance légitime, les réduire à l'extrême des calamitez,
lesquelles ont de tout temps suivi semblables souslè-
vements. Et estant venus au camp devant Maestricht,
à cest effect, l'esleu d'Arras, abbé de Sainct-Gulain [2]
le sieur de Capres [3] et quelques aultres leurs députez,
finablement fut accordée ladicte réconciliation [4] à
certaines conditions, desquelles l'une fut que les gens
de guerre, comme Espaignols, Bourguignons de la
Franche-Comté, Allemans et autres, non sujects naturels desdicts Peys-Bas, lors estans en l'armée du
roy, sortiroient; occasion de quoy, ils furent licenciez,
y demeurants touteffois la pluspart desdicts Bourguignons, tant pour estre de mesme langue avecque
les Valons, que pour estre sujects du roy, soubs un
mesme gouverneur, et de partie d'iceulx fut dressée
la garnison de Maestricht depuis la prise [5], soub la
charge du sieur Gomicourt [6], Artesien, restant François

---

[1] *Desnier*, dénier, refuser.

[2] Dom Mathieu Moulard, né en 1536, à Saint-Martin près
d'Arras, élu abbé de Saint-Ghislain en 1564, nommé évêque
d'Arras en 1575, mort le 2 juillet 1600.

[3] Oudart ou Édouard de Bournonville, baron de Capres, gouverneur d'Arras. Il fut créé comte de Hennin en 1579. Il épousa,
en 1581, Marie-Christine d'Egmont, fille de Lamoral et de
Sabine de Bavière. Il mourut à Bruxelles en 1585.

[4] Le traité de réconciliation des provinces wallonnes avec
Philippe II, arrêté le 17 mai, fut confirmé par le roi, le 12 septembre 1579.

[5] Maestricht fut prise le 29 juin 1579.

[6] Adrien II, sieur de Gomiecourt, en Artois, chevalier de
l'Ordre de saint Jacques, mort en 1596.

Darricourt[1], gentilhome bourguignon, pour lieutenant; demeura encores ès dicts Peys-Bas, près du
prince, Marc de Rye[2], des principales maisons de
Bourgongne, marquis de Varrambon, colonel de l'infanterie bourguignonne, seul d'entre les chefs licen-
tiez, et par ordre que lui en donna le prince, à Namur,
suyvant encores l'expresse volonté du roy, tant à
raison de sa fidelle et constante dévotion au service
de Sa Majesté, que de la connoissance qu'il avoit des
affaires desdicts peys, entre ceux qui restoient près
dudict prince, y ayans suivi continuellement les
lieutenant-généraulx du roy et spécialement se treuvé
à l'arrivée de don Juan d'Austriche, des premiers qui
l'assistèrent, mesmes au commencement de ces dernières révoltes[3].

Or, depuis la sortie desdictes gens de guerre, s'estant le prince retiré à Mons, demeurant la gendarmerie Valonne ores à Anthoin, ores à Granmont,
sous la conduite du marquis de Robaix[4], continué
général de la cavalerie, par le traité de la réconciliation, sieur de Montigny[5] et autres colonels, ne se feit

---

[1] Je n'ai trouvé aucune mention de ce gentilhomme.

[2] Sur Marc de Rye, voy. la préface.

[3] *Mémoires de* MARGUERITE DE VALOIS, 144.

[4] Robert de Melun, vicomte de Gand, marquis de Roubaix, fils
d'Hugues de Melun, baron d'Antoing, prince d'Épinoy et de Marie
Yolende de Werchin, héritière de Pierre, marquis de Roubaix.
Il était frère cadet de Pierre de Melun, prince d'Epinoy. Sa
devise était : *tout ou rien, contente Melun.* Il périt au siége
d'Anvers.

[5] Philibert-Emmanuel de Lalaing, baron de Montigny, et,
par sa femme, Anne de Croy, marquis de Renty ; fils de Charles,
comte de Lalaing et de Marie de Montmorency, il naquit à Valenciennes, le 5 mai 1558 et mourut à Mons, le 27 décembre

chose d'autre importance, sinon que le comte de Mansfelt [1], mareschal de camp, ayant pour le roy assiégé et battu la ville de Bouchain, à la fin la prit à composition [2]; dedans y commandoit pour les ennemis, au temps de la prise, Boscho, sieur de Villers [3], lequel, peu auparavant [4], ayant traicté avec le sieur de Selles [5], lieutenant des gardes du roy, de le mettre dedans, à certain prix d'argent, qui fut compté, et

1590. Il embrassa d'abord la cause des confédérés, combattit dans leurs rangs à Gembloux, puis devint le principal chef des *Mécontents*. Voy. les *Mémoires de Montigny*, annotés par feu J.-B. Blaes. Publication de la Société.

[1] Pierre Ernest, comte de Mansfelt, devint gouverneur de Namur et de Luxembourg, le 2 juin 1545, et gouverneur des Pays-Bas en 1592; il mourut en 1604. Il eut de sa première femme, Marguerite de Bréderode, qu'il avait épousée en 1546, un fils également célèbre, le comte Charles de Mansfelt. Parmi ses nombreux bâtards, on compte Ernest de Mansfelt, un des héros de la guerre de Trente ans, qui naquit en 1580.

[2] La prise de Bouchain eut lieu le 4 septembre 1580. Van Meteren, 193.

[3] Les *Mémoires anonymes* publiés par M. A. Henne, V, 275, l'appellent le *seigneur de Bocx (?) et de Villers*. C'est Josse de Zoete, seigneur de Villers, nommé maréchal de camp en remplacement de La Noue, en 1581; puis stadhouder d'Utrecht, en 1584. Voyez la note de l'éditeur cité, et *Documents inédits*, par Diegerick, 115, 116, 117, 118.

[4] Le 23 juin 1580, selon les *Mémoires anonymes* V. 275 à 280, qui racontent assez longuement cette tentative sur Bouchain. Voyez aussi Bentivoglio, *Histoire des guerres de Flandre* (trad. Loiseau), II, 353 ; Reiffenberg, *Annales de l'abbaye de saint Ghislain*, dans les *Monuments*, etc., VIII, 742 ; Le Petit. *La Grande Chronique anc. et mod. de Hollande, Zelande*, etc. Dordrecht, 160, 1, II, 399 ; Van Meteren, *Histoire des Pays-Bas*. La Haye, 1618, 192 v°. *Documents inédits*, 118, 119.

[5] Jean de Noircarmes, baron de Selles, gouverneur de Saint Omer. Il fut conduit au château de Rammekens, où il mourut de chagrin, en 1584. Van Meteren, 193.

laissé entrer ledict sieur de Selles, avec partie de ses gens, après avoir abattu la porte coulisse, les feit tailler en pièces, retenant le sieur de Selles prisonnier, qui, depuis, au bout de quelques années, mourut en prison, disant Boscho qu'il n'avoit traicté de mettre lesdicts gens dedans.

Quelque temps après, faillit la ville de Gand à estre prise par les marquis de Roubaix, sieurs de Montigny et de la Motte[1], lesquels advertis qu'en quelque endroict de la ville, la muraille estoit basse et non fortifiée, ayant esté deffendu de la piller et promises aux soldats, en récompense, quelques payes, après avoir esté jusques sur le rempart, furent contraincts de se retirer, pour n'avoir esté suivy, en raportant le sieur de la Motte une blessure au bras[2].

Les mesmes, sortant de ladicte entreprise de Gand, faillirent, avec leurs gens, d'estre taillez en pièces, dans la ville de Bruxelles, sur laquelle ilz avoient dessein et traicté avec aucuns, de leur laisser une porte ouverte, à l'aube du jour; car ceux de dedans y ayant faict entrer bon nombre de soldatz secrètement, et logé en quelques endroicts de la ville de grosses pièces de canons, et des harquebusiers et mosquetiers qui les

[1] Valentin de Pardieu, sieur de la Motte-aux-Bois, né à Saint Omer, en 1529, gouverneur de Gravelines, embrassa d'abord la cause des confédérés, assista à la bataille de Gembloux, en 1578, entra ensuite dans le parti des *Mécontents;* prit une part très active à la réconciliation des provinces du Midi, combattit sous Alexandre Farnèse, et fut tué devant Dourlens, en 1595. Sur ce personnage, voyez surtout DIEGERICK, *Correspondance de Valentin de Pardieu,* etc.

[2] Cette tentative sur Gand doit être celle dont parlent les *Mémoires anonymes,* V, 296 et suiv. sous la date du 7 juillet 1580, et LE PETIT, II, 411, sous la date du 13 juillet.

attendoient à pied coy, se délibéroient de les masa-
crer et tailler en pièces, dez qu'ilz seroient entrez;
mais Dieu, qui a tousjours monstré, durant ces révoltes, qu'il assistoit et favorisoit la très juste cause du
roy, destourna la fortune, par le moyen d'un païsan,
qui venant de la campagne et ayant apperceu les
gens du roy jà proche, en entrant poussa la porte,
cuidant[1] faire un bon office à ceux de dedans et leur
déclarant ce qu'il avoit vehu[2]; sur quoy, un soldat,
ou par chaleur, ou par adventure pour estre catholicque, à intention d'advertir ceux de dehors, tira un
coup de harquebute, d'où doutans[3] ceux de dehors
d'estre descouverts, se retirèrent sans passer oultre,
et par ce moyen, évitèrent le malheur[4].

Le comte d'Egmont[5], au paravant[6] ayant intelligence avec aucuns de dedans, y entra par la porte
d'Au[7], qui pour sa hauteur et fortification pouvoit
servir de chasteau et commander à la ville, et avec
ses troupes passa jusquez en la place; mais peu de
temps après, il fut repoussé et mis dehors, par
quelque nombre de bourgeois, amassez par les gouverneur et magistrats, auxquels il donna loisir de

---

[1] *Cuidant*, pensant.

[2] *Vehu*, vu.

[3] *Doutans*, redoutant, craignant.

[4] Cette tentative sur Bruxelles eut lieu le 24 juin 1580. Comparez
Mémoires anonymes, V. 280 et HENNE ET WAUTERS, *Histoire
de Bruxelles*, I, 531. LE PETIT, II, 410.

[5] Philippe, comte d'Egmont, prince de Gavre, fils aîné de
Lamoral, tué à la bataille d'Ivry, le 14 mars 1590.

[6] *Auparavant*, c'est à dire, le 4 juin 1579, selon HENNE et
WAUTERS, *Hist. de Bruxelles*, I, 505, WAUTERS, *Hist. des environs de Bruxelles*, I, 158, et LE PETIT, II, 480.

[7] *Porte d'Au*, porte de Hal ou d'*Obbrussel*.

ce faire, pour ne s'estre incontinant saisi de leurs personnes, ainsy qu'il convenoit; et le suyvant le malheur, quelque temps après, fut pris à Niauven[1], par La Noue[2], gentilhomme françois qui avoit esté, par le prince d'Oranges, appellé ès Peys-Bas à tiltre de général des trouppes estancts au comté de Flandres.

Et d'autant que ceux de la garnison de Cambray, lors occupé par les François, faisoient beaucoup de courses et desgastz sur les peys réconciliés, fut la gendarmerie ordonnée de se saisir des advenues et passages, pour les incommoder et retrencher les vivres[3], à l'effect de quoy fut aussi basti à l'entour quelque fort et pourveu de nombre de soldacts, qui touteffois ne pouvoit donner grand empêchement, d'autant que la ville estant frontière de France, de ce costé pouvoit estre aisément secourue, comme il apparut quelque temps après; car le duc d'Alençon, la voulant conserver, feit en France une grosse levée de gents de guerre, à l'aide de laquelle il la ravitailla, n'ayant voulu le prince[4], qui estoit à cest

---

[1] *Niauven*, Ninove. Cette ville fut surprise par La Noue, le 30 mars 1580. Voyez *Mém. anonymes* V, 176; *voyez* aussi LE PETIT, II, 385 et VAN METEREN, 190, v°.

[2] François de La Noue, dit Bras de Fer, né en Bretagne, en 1531, tué en 1591 au siége de Lamballe. Sur ce capitaine, *voyez* KERVYN DE VOLKAERSBEKE, *Corresp. de François de La Noue.*

[3] Sur le blocus et le ravitaillement de Cambrai, *voyez* BENTIVOGLIO, II, 377; STRADA, II, édition de Rome, 1701, qui mentionne la prise de Turenne et du comte de la Voute, 190; J.-F. LE PETIT, etc., II, 426, qui place le ravitaillement à la date du 18 août 1581; VAN METEREN, 208.

[4] Le *Prince;* c'est ainsi que l'auteur désigne Alexandre Farnèse, duc de Parme.

effect sorti de Mons, à l'instance d'aucuns particuliers des pays réconciliez, combatre l'armée françoise,
pour ne légèrement hazarder ce peu de nombre de
soldacts qu'il avoit. Et furent toutefois, lors de ce
ravitaillement, par deux compagnies d'hommes
d'armes du roy, pris le vicomte de Turaine [1] et le
comte de la Voute, fils du sieur de Vantadour [2], avec
quelques autres gentilhommes françois, voulants entrer dedans Cambray, non sans avoir bien combatu,
puis menez à Bouchain.

Quelques autres petites villes, tenues par l'ennemy,
incommodoient et endommageoient beaucoup les peys
réconciliez, mesmement ceux de la ville de Mons, et
pour ce, désirant le prince de les faire assaillir, fut
ordonné le marquis de Roubaix de sortir de Mons,
pour faire assembler quelques compagnies d'Albanois,
demeurées ès dicts Peys-Bas, par le mesme traicté, à
l'effect de servir au dessein du prince.

Allans donc ainsy résolu, trois heures après le susdict advertissement, avoir fait prendre langue et
appris l'allogement et contenance de l'ennemi, mesmes que les troupes que ledict La Noue conduisoit,
estoient divisées en plusieurs villages, la cavallerie

---

[1] Henri de la Tour, vicomte de Turenne, né en 1555, épousa,
en 1591, Charlotte de la Marck, héritière du duché de Bouillon,
et, en secondes noces, Élisabeth de Nassau ; de cette dernière,
il eut deux fils, dont le cadet fut le célèbre Turenne. Rendu à la
liberté en 1584, il fut nommé maréchal de France, en 1592. —
Voyez sur son élargissement, une lettre du marquis de Roubaix
à Henri III, du 26 avril 1584; GACHARD, *Rapport sur les archives
de Lille*, 205.

[2] Gilbert comte de la Voute, fils du duc de Ventadour,
s'échappa peu de temps après.

d'un costé et l'infanterie d'autre, voulurent assaillir
l'infanterie, à laquelle toutesfois il ne purent faire
aucun dommage, pour n'avoir que cavallerie et l'avoir
trouvé logée dans des villages en l'église et au semetier[1], à l'entour assez forts, se tenant couverte[2] là
dedans; et pour ce, prindrent résolution de donner
sur les villages où ledict La Noue estoit logé avec sa
cavallerie, laquelle ilz surprindrent répartie en deux
diverses troupes, le marquis de Varrambon demeurant d'arrière-garde, sur la retraicte, avec partie desdictz Albanois, pour ce que l'infanterie voyant la route
que prenoient les gens du roy, cherchoit de se joindre à leur cavalerie; prenant le marquis de Varrambon telle poste, qu'il faisoit espaule au marquis de
Roubaix, exploictant teste à La Noue, s'estant présenté
avecques un escadron; et de plus empeschoit que leur
infanterie ne se joignisse à l'une ou l'autre desdictes
troupes, n'ayant osé ledict La Noue, pour ne se trou-
ver assez fort, attacquer ledict marquis de Varrambon, encors que la campagne fût ouverte pour bien
jouer, moins se remuer pour secourir le reste de sa
cavallerie, que fut occasion principale d'asseurer l'exploict, et audict La Noue un regret non pareil de voir
une compagnie de lances et une de harquebusiers à
cheval des siennes, mises en pièces entièrement à sa
veue, sans leur pouvoir donner secours.

Or, entretant que ledict marquis de Roubaix ainsy
sorti, estoit à Roubaix, se retreuvant, en mesme
temps, le marquis de Varrambon à une lieue environ
loin de Mons, il eut advertissement que La Noue es-

---

[1] *Semetier*, cimetière.
[2] *Couverte*, cachée.

toit en campagne là proche, avecque gendarmerie;
d'où doutant[1] que ledict La Noue ne voulusse entreprendre sur ledict Roubaix[2] et les y enclore, avec les
dames ses mère, femme et sœurs[3], qui eusse esté notable prise, oultre ce que la maison n'estoit tenable,
prînt advis avec le marquis de Varrambon de se jetter
dehors, et se rendre avec la cavalerie d'Albanois logée
à l'environ, en requérant ledict marquis de Varrambon de vouloir prendre charge, avec luy, de partie des
troupes et de les commander, l'occasion se donnant
d'exécuter, pour sçavoir combien il estoit désireux et
enclin à choses semblables; ce que ledict marquis de
Varrambon accorda que trop volontiers, ne désirant
rien d'avantage que d'acquérir honneur, en semblables occasions, et principalement de venir aux mains
avec un ennemy si renommé.

Après ceste main donnée, lesdicts sieurs se retirèrent à Courtray, affin que l'ennemy ne vinse à recongnoistre le nombre de leur cavalerie, la logeant au
faubourg; et pour ce aussy que Courtray estoit le
lieu le plus commode pour recepvoir advertissement
de la contenance de l'ennemy, et de ce qu'on pouvoit
apprendre de ces desseins; où ils n'eurent demeuré

---

[1] *Doutant*, craignant ou supposant.

[2] Le château de Roubaix avait été bâti vers le milieu du
XVe siècle, par Pierre de Roubaix, seigneur du lieu. *Statistique
archéologique du département du Nord.* I, 97.

[3] On a vu plus haut que la mère du marquis de Roubaix était
Yolende Werchin; il avait épousé Anne Rollin, fille de Georges,
seigneur d'Aimeries, dont il n'eût pas d'enfant. Hélène de Melun
sa sœur, avait épousé le 15 octobre 1565, l'infortuné Floris de
Montmorency, baron de Montigny, étranglé pendant la nuit du
16 octobre 1570, dans un cachot de Simancas; sa plus jeune
sœur, Marie de Melun, épousa Lamoral, prince de Ligne.

environ trois heures, qu'advertisant[1] leur vint que La Noue marchoit avec environ trente enseignes d'infanterie et bon nombre de cavalerie, tournant teste contre Ingelmonster[2].

Surquoy , s'estants résolus de l'aller attacquer, prenant, le marquis de Roubaix, cinq cens fantasins de mille qui estoient en la garnison dudict Courtray, des plus habiles, pour faire quelques bons exploicts, firent telle diligence, qu'un peu avant jour ils arrivèrent à Isenghien[3], où les avancoureurs aians pris langue et heu[4] advertissement,.par le moyen de quelques uns faicts prisonniers des trouppes dudict La Noue, mesme que l'ennemy avoit mis quatre-vingt soldats à la garde d'un pont[5], qu'il falloit nécessairement passer avant que de les pouvoir aborder, fut envoié pour gaigner ledict pont, le capitaine La Biche[6], avec les harquebusiers à cheval du roy, lesquels avoient commencé l'escarmouche à cheval, et puis s'estant mis à pied, pour en avoir meilleur raison, le fonceoient[7] avant que La Noue eust

[1] *Qu'advertisant*, qu'advertissement.

[2] Ingelmunster. Sur le combat d'Ingelmunster ou d'Iseghem, *voyez* BLAES, *Mém. anonymes*, I, 272, note I et V, 226 ; KERVYN DE VOLKAERSBEKE, *Corresp. de la Noue*, 22 ; STRADA, II, 154 et suiv.; BENTIVOGLIO, II, 352. Ces auteurs indiquent le 10 ou le 12 mai 1580. LE PETIT, II, 409 ; VAN METEREN, 191 v°. DIEGERICK et KERVYN DE VOLKAERSBEKE, *Documents inédits*, etc., I, 410 et suiv.

[3] *Isenghien,* Iseghem.

[4] *Heu,* eu.

[5] Le pont d'Iseghem, sur le Mandel.

[6] Nicolas de la Biche, seigneur de Rouleleux, écuyer, capitaine d'une enseigne de gens de pied, au régiment de Montigny.

[7] *Fonceoient*, enfonçaient, rompaient. *Voyez* sur la manière de combattre des arquebusiers à cheval, *Histoire générale des*

pehu[1] secourir ses gens de tant de soldacts qui eussent peu tenir le passage asseuré - envers tous et contre tous.

Or, ne fut ce pont si tost foncé que La Noue, qui dez le soir auparavant avoit esté adverti par ceux de la garnison de Menin, que la cavalerie du roy estoit entré dans Courtray, sans en sçavoir dire néantmoins le nombre, eut mis[2] ses gens en ordre, au premier bruict qu'il ouyt, se doutant bien de ce qui estoit, rangeant sa cavalerie en escadrons, selon que le lieu le portoit, et partie de son infanterie en des hayes et fossez, sans oublier d'en mettre dans un moulin à vent, dont il pouvoit beaucoup endommager ceux qui l'attacqueroient.

Telle se trouva la contenance de l'ennemy, quand les troupes du roy passées, le marquis de Roubaix feit attaquer l'infanterie de La Noue par la siene, qui touteffois fut repoussée, demandant à secours la cavalerie ; mais le marquis de Varrambon, ayant en teste plusieurs escadrons de l'ennemi, combien qu'il fussent en beaucoup plus grand nombre, ne laissa pourtant se résouldre de les attacquer, les chargeant si vivement qu'il les rompit entièrement, nonobstant que l'ennemy avoit mis quelques escadrons à la droicte, à l'effect de luy penser prendre le flanc ; pour, à quoy pourvoir, le marquis de Varambon avoit mis quelques escadrons derrière celuy où il estoit, tant pour renforcer le sien, si besoin eût esté, que pour empescher que chose semblable ne luy ad-

querres de Savoie, de Bohême, etc., par le seigneur DU CORNET, *introduction*, LV.

[1] *Pehu*, pu.

[2] *Eut mis;* le sens paraît exiger *mit.*

vinsse ; de façon que pensant le capitaine Seton [1], escossois, le charger en flanc, fut luy, par lesdicts escadrons derrière, comme le surplus, mis en route [2] et sa compagnie avec les autres taillée en pièces, non tonteffois sans la perte de quelques uns, bien que peu, des gens du roy qui y furent tuez, et entre autres blessés, ayant esté le marquis de Varambon chargé en ceste meslée, de trois coups de harquebuse dans le corps de cuirasse, de deux au chapeau, quelques coups d'espée, l'un sur le large du pied, et d'un coup de masse sur le bras, qui toutefois ne porta trop rudement.

La route de ceste cavalerie fut cause de ce qui s'ensuivit, car l'infanterie ennemie, qui auparavant s'estoit reslargie [3] ès hayes et fossez, pour endommager les gens du roy, estonnée de ceste deffaicte, fut contraincte par leur général La Noue, qui de sa cavalerie deffaicte s'estoit jetté entre icelle, déclarant qu'il vouloit vivre et mourir avec eux, de se retirer dans le retranchement et barriquade à l'entrée du village, où de nouveau rattacquée par les cinq cents fantàssins du roy, ayant à l'espaule le surplus de la cavalerie, qui n'avoit chargé, avec le marquis de Varambon, fut incontinant deffaicte, sans beaucoup combatre, après que lesdicts fantassins heurent [4] foncé lesdictes barriquades et retranchements, et mis

---

[1] Les colonels Norris et *Ceton* commandaient un corps de fantassins anglais et écossais au service des États, selon BENTIVOGLIO, II, 408. KERVYN DE VOLKAERSBEKE, *Corrresp. de la Noue* (table) cite un capitaine Cetton ou Seton.

[2] *Route*, déroute, de l'espagnol *rota*.

[3] *Reslargie*, répandue, disposée en tirailleurs.

[4] *Heurent foncé*, eurent enfoncé.

le feu ès premières maisons du village et sans que ledict La Noue peusse donner aucun ordre que les gents du roy n'en eussent bon compte, à quoy servit bien l'embrâsement du village, par le moyen duquel, oultre la frayeur qui en saisit l'infanterie, La Noue estoit aussy empesché de la pouvoir ralier et commander selon la nécessité.

Ceste rencontre a bien esté l'une des plus belles et importantes qui soient advenues durant ces révoltes, car outre ce qu'en icelle furent deffaictes environ trente enseignes d'infanterie et quelques neuf ou dix cornettes de cavalerie, entre icelles la compagnie d'hommes d'armes du prince d'Orange, tous gents d'effect, quatre pièces de baterie et grande quantité de munitions de guerre gaignée, fut encore pris leur général La Noue, auquel chacun peut estimer si ne fut un extrême desplaisir de se voir faict prisonnier, et principalement lorsque lesdicts sieurs, retournant à Courtray, l'amenèrent avec eux en triomphe, ensemble le reste des prisonniers, faisant traîner à sa veue les enseignes conquises, où ils furent receus en grande allégresse, avec salves d'artillerie et harquebuserie, et tout l'applaudissement qui se peut penser, et depuis ledict La Noue gardé jusqu'à ce que le prince le feit conduire au chasteau de Lembourg[1].

Il ne faut point doubter qu'estant homme de conseil, il eusse beaucoup servi à l'ennemi, mesme estant personnage d'exécution et de grandes entreprises, et qui, environ le mesme temps, en avoit aulcunes sur

---

[1] La Noue resta, pendant cinq ans, prisonnier à Limbourg. Il fut échangé, en 1585, contre le comte d'Egmont pris à Ninove. *Mémoires anonymes*, V, 235 et suiv.

pied[1] dans les peïs reconciliez, en plusieurs lieux, comme à Lile, Valenciennes, Louvain, Maestricht et autres villes voisines; voires qu'au temps de sa prise, l'entreprise sur Lile estoit preste à exécuter, s'estant campé audict Ingelmonster principalement pour la couvrir, encor qu'il pouvoit avoir desseigné[2] de se saisir de ceste place, pour s'asseurer d'un passage entre Gand et Courtray.

Se tramoient encores plusieurs autres desseings de grande conséquence, qui à ce coup furent rompus, comme se descouvrit par le saisissement d'aucuns qui avoient esté sollicitez du parti des Estats-Unis révoltés, et dont quelques particuliers des provinces réconciliées donnèrent advertissement au prince; mesmes qu'un seigneur principal[3] des dictes provinces réconciliées, avoit traicté d'induire le prince à sortir hors de Mons, pour veoir les trouppes qu'il avoit assemblées, et en ceste conjoncture, se saisir de la personne d'iceluy, de ceux estant à sa suite et puis de la ville; ce que le prince ayant respondu ne pouvoir croire, sur les fréquentes asseurances que luy en firent lesdicts particuliers, leur permit quant à eux de se saisir de la personne du deferé[4]; en quoy

---

[1] *Sur pied*, projetées.   [2] *Desseigné*, résolu.

[3] Il s'agit ici de Guillaume de Hornes, seigneur de Héze, beau-frère du comte d'Egmont. Il avait abandonné le parti des États en 1580; mais il ne tarda guère à nouer des relations avec le prince d'Orange. Il fut décapité au Quesnoy, le 8 novembre 1580. Les pièces relatives au jugement de ce seigneur sont dans le *Suppl. de Strada*, Amsterdam, 1729, I, 295 et suiv. *Voy.* aussi STRADA, Rome 1701, II, 168, 169; GACHARD, *Corresp. de Guillaume le Taciturne*, III, 106; LE PETIT, II, 414; VAN METEREN, 192.

[4] C'est à dire du seigneur de Héze. — Le mot *déféré* a ici le sens de *dénoncé à la justice*.

il donna grand tesmoignage de sa prudence et discrétion, pour ne vouloir, par quelque saisissement semblable, esmouvoir les provinces assez faciles à imputer aux gouverneurs, les malheurs qu'elles mesmes s'attirent, et néantmoins ne délaissa de parvenir dextrement à la descouverte de telles entreprinses; ce qui advint par le saisissement du deferé, arresté par le marquis de Roubaix et autres desdictes provinces reconciliées, se retreuvans ensemble; lequel depuis mené au Quesnoy, fut condampné de mourir, après avoir esté convaincu au procès qui lui fut faict par aucuns, qui furent pris ès consaux du roy et choisis pour agréables et nullement suspects aux provinces reconciliées, affin de lever tout soupçon d'affection; tant taschoit le prince de ne leur laisser aucune occasion de mescontantement, considérant comme, dez le seul soubçon conceu par ces peuples sur don Jean d'Austriche, ilz estoient entrez en révoltes, desquelles le feu n'est encor esteint.

Ce fut aussy raison pour laquelle, pendant son séjour en ladicte ville de Mons, estant difficulté subcitée par aucuns particuliers des provinces réconciliées, sur ce qu'ils disoient que ceux de la Franche-Comté de Bourgongne estant aux conseils privé et des finances ne pourroient y posséder leurs estats, pour non estre originels des Peys d'embas[1]; encore qu'il la pouvoit aisément vuider, voulut touteffois en consulter le roy, duquel la résolution fut qu'ils demeureroient, et avec grande raison, car estant ladicte Franche-Comté, avec les comtés de Flandres et d'Ar-

____
[1] Pays-Bas.

tois, les plus anciens patrimoines des princes de Bourgongne, puis qu'en icelle, comprinse en oultre soubs
le gouvernement général desdicts Pays-Bas, les subjects desdicts Pays-Bas estoient et sont receus aux
estats et offices, comme s'ils en estoient naturels,
voires que les affaires de ladicte Franche-Comté se
traittent ausdicts conseils privé et des finances, il
est bien raisonnable que les subjects d'icelle soient
habilles à y entrer.

Passa donc un long temps le prince audict Mons,
laissant la conduitte de la gendarmerie aux susnom-
mez, sans estre adveneu choses d'autre importance,
sinon la deffaicte de quelque trouppe ennemie au
pays de Frise[1], jusque à ce que il se résolut d'assiéger ceux de Tournay, irrité des courses et ravages
lesquels ceux de la garnison de dedans faisoient sur
les pays reconciliez, mesme qu'ils avoient osé entreprendre sur Condé[2] et Saint-Gulain[3], d'où touteffois
ils furent chassez par le prince, aussy tost qu'ils les
eurent pris, et vint si à propos que le prince d'Es-
pinoy[4], estably par les Estats, gouverneur dudict

---

[1] L'auteur fait ici allusion au combat d'Herderberg où, vers la
fin de juin 1581, Martin Scheinch battit le comte d'Hohenloe.
STRADA, II, 170.

[2] *Condé.* Le prince d'Épinoy y avait mis une garnison, qui
abandonna la ville, à la nouvelle de l'arrivée de Farnèse et fut
battue, dans sa retraite, par Camille du Mont. STRADA, II, 177.
Documents inédits, II, 185, 189.

[3] *Saint-Gulain*, Saint-Ghislain. Cette petite ville fut prise et
saccagée par les Tournaisiens, le 8 septembre 1581 et reprise
par Farnèse le 13 du même mois. *Chronique de Saint-Ghislain*
dans REIFFENBERG, *Monuments*, VIII, 758 à 760. *Voy.* aussi
STRADA, II, 193; LE PETIT, II, 436.

[4] Pierre de Melun, prince d'Épinoy, gouverneur de Tournai.

Tournay, en estoit sorti pour se camper, avec quelques trouppes en la basse Flandre, devers Dunkerken; et ayant le prince ordonné d'approcher les forces qu'il avoit, faict saisir les advenues et serrer la ville, fit aussy approcher . . . . . [1] laquelle feit breiche fort raisonnable et par où fut commandé de donner l'assaut. A l'effect de quoy, le marquis de Varambon, lors volontaire, entra dedans le chemin qui avoit esté faict sous terre, par le moyen de la sappe, aboutissant sur le fosset, auquel estant parvenu, bien que le seignal ne fût encor donné, ne laissa pourtant d'aller résolument le long du fossé, pour y recongnoistre la bresche, à laquelle après s'estre présenté et l'ayant reconneu, à la fortune de plusieurs coups de harquebuse et de môsquetz tirez par ceux de dedans, retournoit contre l'emboucheure, lorsque le sieur de Montigny sortoit avec quelque cent ou cent cinquante tant gentilhommes qu'autres soldactz, avec lesquels il remit[2] pour la seconde fois, et fut un bien longtemps combatu si courageusemènt par les assaillants, que si ceux qui avoient ordre de garder l'embouchure du chemin soutterrain eussent fait suivre et n'eussent empesché le reste des soldats qui estoient dedans, on tient que la ville eusse esté, à cest assault, indubitablement emportée.

----

frère aîné du marquis de Roubaix. Il épousa, en premières noces, Marie-Philippine de Lalaing, qui défendit Tournai, en 1581. Le prince d'Épinoy étant resté fidèle à la cause des Confédérés, Philippe II confisqua ses biens et les donna à son frère, le marquis de Roubaix. Il mourut en 1594.

[1] Un mot en blanc dans le manuscrit. Suppléez par le *canon* ou *l'artillerie*.

[2] *Remit*, recommença.

Le nombre de ceux qui y furent blessez fut notable, car le marquis de Varambon y fut blessé d'un coup de harquebuse au genoil et d'un aultre à la teste, outre ce qu'il y fut abattu d'un coup de mousquet, tiré en son corps de curasse; furent encore blessez le marquis Malaspine, gentilhomme du prince, le sieur de Bourse[1], colonel des Walons, qui mourut de sa blessure, le sieur de Marcassans[2], gentilhomme lorrain, le sieur du Quesnoy, ung gentilhomme napolitain de qualité, et plusieurs autres, y ayans esté tous ceux qui n'y furent tuez, dangereusement blessez.

Le marquis de Varambon, peu de jours auparavant, allant visiter les ouvrages, mesmement la mine qui se faisoit sous un ravelin, faillit d'estre... [3] ou faict prisonnier par ceux de dedans sailli... [4] pour recongnoistre la mesme mine le long... [5], lesquels aians surpris la sentinelle, de sorte qu'elle ne peut donner advertissement, surprindrent aussy le marquis, à l'embouchure de la mine, et le chargèrent trois fois à coups d'espées et de picques, que le marquis évita en parant dextrement, sans le pouvoir offenser, sinon à son coulet[6] de beufle, d'une demie picque, en glissant sur le costé droict, d'où le bruit s'espandit par le camp qu'il estoit tué ou prisonnier, jusques à ce que ceux

---

[1] Pontus ou Ponce de Noyelles, seigneur de Bours, s'empara du château d'Anvers, en 1577 et en devint gouverneur. Il mourut le 16 décembre 1581.

[2] Le seigneur de Marcossans. La *Chronique de Saint-Ghislain* (VIII, 762), mentionne Marcoussent, colonel du régiment allemand qui occupait Saint-Ghislain, à la fin de l'année 1581.

[3] Lacune dans le manuscrit; lisez *tué*.

[4] Lacune; lisez *saillant* ou *saillis*.

[5] Lacune; lisez *du fossé*.

[6] *Coulet*, collet.

des tranchées, s'estant mis en campagne, attachants l'escarmouche, contraignirent ceux de dedans à se retirer, y demeurant deux Allemans, qui travailloient à la mine, l'un tué et l'autre blessé à leur arrivée.

Or, après le premier assaut, dont a esté touché cy-dessus, le prince n'a délaissé de vouloir, quelques jours après, faire livrer un second; mais il fut prévenu par ceux de dedans, lesquels, recongnoissants qu'il ne pourroient le soustenir, se rendirent. Et à la vérité, les gens du roy, s'estants peu de jours auparavant, faicts maistre du ravelin, dez lequel ils battoient en flanc le long de la bresche, avec quelques pièces d'artillerie y logées à cet effect, qu'empeschoit ceux de dedans d'oser y comparoir, ils eussent aisément emporté la ville à un second assaut général et bien opiniastre. Furent encore ceux de dedans persuadé, par quelques cents et cinquante chevaux escossois[1] qui la nuit précédente, ayant heu le moct[2] de quelque soldacts de la cavalerie valonne, estants en l'armée du roy, et traversé le camp, dans les quartiers du prince et du sieur Montigny, estoient entrés dans la ville sans offense ou destorbier[3], encores que dez qu'ils eurent passez, ils pouvoient estre aisément deffaicts par ceux du camp, d'autant que la porte de la ville ne leur fût ouverte d'un longtemps[4].

[1] Il s'agit ici d'un corps de cavaliers écossais, commandé par Preston, qui venait d'essuyer un échec à Gravelines. STRADA, II, 495; LE PETIT, II, 208.

[2] *Heu le moct*, eu le mot, mot de guet ou d'ordre.

[3] *Destorbier*, destourbier, trouble, accident.

[4] Tournai fut assiégée le 5 octobre et rendue le 30 novembre 1581. Sur ce siége, *voy.* STRADA, II, 195; BENTIVOGLIO, II, 388; PHIL. WARNY, *Mém. sur le siége de Tournai*. LE PETIT, II, 436; VAN METEREN, 210 v°.

Suivit dez la reddition de Tournay, que les Estats réconciliez y furent appellez, pour traicter d'affaires concernant l'Estact, et ausquels ayant esté, par le prince, représenté combien peu il avançoit avec les forces qu'il avoit, et le peu d'apparence de faire davantage cy-après, d'où la guerre viendroit à estre immortelle, fut par eux enfin résolu d'accepter nouvelles forces, autres que de leur nation[1], d'où s'ensuivit que fut donnée commission au marquis de Varambon, non encor guéri de sa blessure, de faire levée de Bourguignons, fut avisé de mander pour avoir des troupes espagnoles et de recevoir gens de guerre Allemands, à la soulde du roy.

Et ce pendant, le prince faict assiéger Audenarde, pour autant que ceste ville, assise sur la rivière de l'Escaut, estoit la plus à sa main ; oultre ce que ceux de la garnison de dedans faisoient beaucoup de desgast et hostilités sur les provinces réconciliées. L'entreprinze estoit bien importante et pleine de beaucoup de difficultez, parce que la ville estant forte de sa nature, pour avoir la rivière d'un costé, estre environnée d'autre de plusieurs marets et fossez très profonds, estoit en oultre pourveue de grande provision de vivres et munitions de guerre, et avoit esté fortifiée auparavant par La Noue, qui, depuis, la tenoit pour inprenable. Non obstant, le prince la faict serrer et, les approches faictes, sapper en quelques lieux et batre en un endroict où il y avoit une chaussée de terre contre la porte, laquelle, si ceux de dedans eus-

---

[1] Sur le rappel des troupes étrangères, *voy.* STRADA, II, 221 ; VAN METEREN, 219 et LE PETIT, II, 454 donnent le détail des régiments et leurs chefs, au 14 septembre 1582.

sent couppé, rendoit leur ville beaucoup plus forte
et à peu près imprenable ; sans oublier aussy de batre
le flanc deçà et delà. Et estoient les ouvrages fort
avancez, lorsque le marquis de Varambon arriva,
ayant esté, à plusieurs couriers exprès, sollicité par
le prince, de venir, pour le fondement de valeur et
fidélité qu'il mettoit sur ledict marquis, dont il a toujours tesmoigné aux emploicts qu'il luy a commis ;
oultre ce, que quelques Allemands, qui estoient au
camp, auroient faict mine de se mutiner à faute de
paye, et avoit-on advertissement que les François,
qui se tenoient retrenchez proche de Gand, se préparoient à un ravitaillement; pour lequel empescher,
estoit besoing de plus grandes forces. Si employa le
marquis telle diligence, faisant parfois marcher ses
troupes dez les deux heures du matin jusques aux
deux heures du soir, qu'elles arrivèrent au temps dé-
siré par le prince; lequel, sorti de son quartier pour
les voir, les feit loger à la venue de Gand et à l'endroit que l'on pouvoit attendre le secours des François,
s'asseurant beaucoup de leur valeur et fidélité en cas
d'exploict. Et fut leur arrivée si fortunée, que ceux
de dedans croyant estre leur secours et les voyants
approcher de la ville, en signe de réjouissance les
avoir[1] salué de quelques coups de canons tirez en
l'air; appercevants du depuis que, venant file à file
sans escarmouche, ils avoient formé escadron, faict
une salve de harquebusiers et puis planté leurs dra-
peau devers la ville ; asseurez en oultre par un prisonnier bourguignon, lequel ils tenoient firent[2] lors con-

---

[1] *Les avoir salué*, lisez *les avoient salués*.
[2] *Firent;* lisez *et qu'ils firent*.

duire sur la muraille, que c'estoit le secours de Bourgongne, attendu par le prince, perdirent à ce tout
courage, voyant le camp du roy renforcé et eux sans
secours; tellement que, au mesme jour, se rendit un
de dedans à l'enseigne colonelle[1] des Bourguignons,
laquelle, selon l'ordre de guerre, avoit deu entrer en
garde au premier jour de son arrivée; duquel on eut
advertissement certain de l'estat auquel on se trou-
voit en la ville et de la faute qu'on commettoit à la
sappe qui se prenoit à contrepoil; ce qu'ayant esté
treuvé véritable par les gens du roy et puis y remédié,
feit tellement estonner ceux de dedans, qu'ils se rendirent au deuxième jour, après la venue des Bourguignons[2]; lesquels, prenants le fruit de leurs arri-
vées pour bon augure de leur militie, se sont du depuis portez si vaillamment, oultre sa fidélité qui a
toujours estez en eux reconnue, que le roy n'a point
heu en son armée de soldacts plus vaillants ny plus
résolus, ny qui luy aient faict davantage de service
durant ces révoltes; estant tant à la valeur, prudence et dextérité de leur chef, qu'à leur hardiesse et
résolution, deue la plus grande partie des beaux
effects de victoires et prises de villes, qui sont depuis
advenues, comme l'on connoistra à la lecture des
choses suivantes.

Ceste prise donna à penser aux Estactz et prince

---

[1] La compagnie *colonelle*, première du régiment, avait pour
capitaine nominal le chef du corps, elle était commandée par un
capitaine-lieutenant. Du CORNET, II, 50, note 6.

[2] *Audenaerde* se rendit le 5 juillet 1582. Sur ce siége, *voy.*
STRADA, II, 225 et BENTIVOGLIO, II, 406; LE PETIT, II, 448, dit
qu'Audenarde se rendit le 20 avril; VAN METEREN, 216, dit le
5 juillet.

d'Oranges, qui pour lors se retreuvoit à Gand, et espéroit de procurer le ravitaillement que dessus, dans
quatre ou cinq jours au plus tard.

Au contraire, le prince se voyant au bout d'une si
belle et importante prise, et son armée renforcée par
les trouppes que lui avoit amené le marquis de Va-
rambou, et par la survenue de la cavalerie bourguignonne, ayant advertissement de l'allogement[1] des
troupes françoises autour de Gand, voulut essayer de
les combattre, traînant avec soy quelques pièces d'artillerie; mais ayant veu qu'ils se tenoient forts et retrenchez, se départit de ce propos, faisant marcher
son armée contre la basse Flandre, en espoir d'y faire
quelque enprise; où toutefois ne trouvant les choses
disposées, et luy estant arrivé nouveau secours, tant
d'infanterie espagnole, sous la conduite de Petro de
Pas[2], que d'Allemans sous la conduite de don Joan
Manrich[3], tous deux colonels, treuva bon de retirer
son armée, la faisant passer entre Berghes-Sainct-
Vinox et Dunkerk; auquel passage ayant faict pré-
senter devant Berghes quelque cavalerie, pour sonder
la contenance de ceux de dedans, qui tost après sail-
lirent en bon nombre, se commença attacher une
grosse escarmouche, laquelle dura plus de huict
heures, tandis que l'armée passoit, soutenue environ
cinq heures par l'avant-garde, que lors le marquis de

---

[1] *Allogement*, logement, campement.

[2] Pierre de Paez, maître-de-camp espagnol, commandant 17
enseignes de sa nation (VAN METEREN, 219), tué au siége de
Termonde, en août 1584.

[3] Don Joan Manrich, LE PETIT (II, 449), l'appelle Don Jean
de Manriques de Lara. Il commandait 10 enseignes d'Allemands.
VAN METEREN, 219.

Varambon conduisoit; lequel ayant passé la rivière se présenta encor par ordre du prince de l'autre part de la ville, pour divertir[1], ceux de dedans, mais ils ne voulurent beaucoup abandonner leurs fossez pour ce qu'ils faisoient leur plus grand effort de l'autre costé de la ville[2].

En ceste escarmouche, Philebert de Rye[3], seigneur de Balançon, frère du marquis de Varambon, et qui auparavant et du depuis a tesmoigné toujours à sa valeur et dextérité, combien il estoit digne et de sa maison et d'un tel frère, arrivé de peu de jours au camp, avec la cavalerie légère de Bourgongne, ayant par ordre du prince remis[4] contre ceux de dedans, forcé leurs barrières, à la fin porté en terre et jetté par des picquiers en un fossé, pour n'avoir esté suivi, fut faict prisonnier, y demeurant mort sa cornette et quelques aultres des siens qui l'avoient suivi, non sans avoir combatu valeureusement[5].

L'armée passée, ayant du depuis le prince fait reconnoistre les troupes françoises autour de Gand, et appris quelques[6] estoient logées négligemment en aucuns villages et sans retranchements, délibérant de les attacquer, si l'occasion se donnoit, fit faire une longue cavalcade toute la nuit et, passée la rivière à Audenarde, se résolut à la fin de les combattre; si, qu'arrivant sur l'aube du jour quelques chevaux-légiers, les surprindrent et entreprindrent quelque

---

[1] Attirer et faire diversion.
[2] Sur ce combat, *voy.* STRADA, II, 239; LE PETIT, II, 451.
[3] Sur Philibert de Rye, *voy.* la préface.
[4] *Remis*, recommencé.
[5] LE PETIT, II, 451; VAN METEREN, 217.
[6] *Quelques*, lisez *qu'elles*.

escarmouche, jusques à la venue de l'avant-garde,
composée d'infanterie espagnole, conduicte par le
marquis de Varambon; par lesquelles estant la mêlée
furieusement atachée, les gens du roy menèrent bat-
tants, jusque sur le bort du fossé de Gand, lesdictes
trouppes françoises et en tuèrent, tant sur le bort du
fossé de Gand, que le long de la meslée, d'environ
quatorze à quinze cens, sans recevoir perte, sinon de
l'artillerie de Gand, laquelle ceux de dedans firent
jouer si furieusement dez la muraille sur eux, pour
faire escorte ausdictes troupes françoises, que les
bales de harquebusier et mosquets ne tombent poinct
plus fréquemment en une rencontre; s'esmerveillant
un chacun que ceste ville fût garnie de si grand
nombre d'artillerie. Si est-ce que peu de gens du roy
en furent offencez, et n'en receurent entre les seigneurs plus principaux autre dommage, fors que le
marquis de Varambon fut intéressé du vent d'une
bale qui luy passa près de la poictrine et dont il s'est
longtemps resentu; le sieur Fernande Gonzague,
capitaine de chevaux légiers heut partie d'un pied
emporté et le colonel Mondragon[1] son cheval tué
sous luy. Si est-ce que ceux dudict Gand ne voulurent ouvrir leurs portes aux trouppes françoises, pour
leur retraicte, et moins sortir dehors pour les secourir, encores qu'ils peussent armer grand nombre de

---

[1] Christophle de Mondragon était gouverneur de Gand,
lorsque les États s'emparèrent de cette ville, en novembre 1576.
Il était alors absent; mais sa femme défendit la citadelle avec un
courage héroïque. Il mourut gouverneur d'Anvers, en 1595, âgé
de 92 ans, après avoir servi en Flandre, pendant cinquante ans.
Voy. son éloge dans BENTIVOGLIO, III, 482.

gents, estant la ville très grande et bien peuplée[1].

Après ceste desfaicte, le prince, retiré à Messine avec l'armée, y séjourna quelque jours sans remuer, d'autant qu'il ne se vouloit légèrement engager sous forteresse, sans deniers, desquels il n'estoit pour lors trop bien pourveu ; et ce prince ne s'est jamais hazardé d'entreprendre aucun faict de guerre qui ne fût apparent de bien réussir, ainsi qu'il luy est toujour advenu, en tant de prises de villes et de victoires, lesquelles heureusement il a achevé sur l'ennemi ; si est-ce qu'encores il séjournoit pour lors illec, attendant de combatre le secours que l'on croyoit venir de France, et debvoir passer au port de Dunkerk à basse marée, ayant remis en ce point l'infanterie mesme Bourguignonne, Valonne, Allemande, Angloise et Escosoise sous la charge et conduicte du marquis de Varambon.

Et comme ledict secours ne vint, afin de ne perdre temps, partie de l'armée fut occupée à dresser un fort à Marcouin[2], pour opposer à ceux de la garnison de Menin, et deffendre ceux de Lile des grandes courses et desgastz qu'il faisoient à l'entour ; puis tira le prince contre Ninawen[3], devant laquelle ayant esté mis le siége, la saison jà s'avançant contre l'hiver, endura l'armée beaucoup d'incommoditez, tant de la rigueur de la saison que de fautes de vivres, et telles que nul chef qui fusse en l'armée se sou-

---

[1] Sur ce combat qui eut lieu le 29 août 1582, *voy.* STRADA, II, 240 ; BENTIVOGLIO, II, 413 ; LE PETIT, II, 452 ; VAN METEREN, 218.

[2] *Marquin*, Marcouin, ancien Tournaisis, sur la route de Tournai à Lille.

[3] *Ninawen*, Ninove.

venoit en avoir veu de semblable [1]; mais ne laissa de
continuer avec la tolérance possible, jusqu'à ce qu'a-
près la baterie, ceux de dedans furent forcés de se
rendre à composition [2]; suivant le chasteau de
Lykerk [3], tost après, mesme fortune.

Quoy faict, le prince pour quelque jour séjourna
en Brabant, à Asche [4] et Maerkten [5] et aux environs
entre Bruxelles, Gand, Terremonde et Virevorde [6];
auquel temps et pendant le séjour qui se fit [7], la ville
de Teremonde faillit à estre surprise par le marquis
de Varambon, à l'aide d'un gentilhomme et quelques
paysans du quartier où il estoit logé; lesquelles par
luy traicté courtoisement, et défendus de violence et
oppression, oultre la promesse, laquelle il leur fit, de
bien bonne récompense, furent aisément persuadez
d'entreprendre à conduire quelque nombre de soldacts, habillez en paysans, et les mettre aux portes de
Teremonde, faignant de retirer eux et leurs bagages,
sans oublier de retenir les plus proches parentz
de chacun paysan, qui debvoit faire ce service,
pour l'asseurance et seuretez de ses soldacts; mais
le malheur voulut qu'ayant le marquis communicqué
au prince son entreprise, et reconnu durant la nuict

[1] D'où le dicton, *la faim de Ninove*. Voy. STRADA, II, 242.

[2] Cette prise de Ninove eut lieu en novembre 1582, selon
VAN METEREN, 219 v°.

[3] *Lykerk*, Liedekerke sur la rive droite de la Dendre, au
Nord de Ninove; également pris en novembre 1582, selon
VAN METEREN, 219 v°

[4] *Asche*, Assche, à l'Ouest de Bruxelles.

[5] *Maerkten*, Merchtem, canton d'Assche, prov. de Brabant.

[6] *Virevorde*, Vilvorde.

[7] Sur le séjour de Farnèse, dans le Brabant, *voy.* WAUTERS,
Hist. des environs de Bruxelles, II, 457.

le lieu où il debvoit tenir ses gents en embuscade, qui se trouva fort commode, aucuns soldats espaignols forcèrent lesdictz peysans, en un fort où ils estoient en sauvegarde, avec un officier bourguignon, ordonné par le marquis, et par ce moyen fut l'entreprise troublée, demeurant sans réussir, au grand desplaisir du prince et du marquis, d'autant que ladicte ville de Teremonde, estant forte et bien munie, prise par tel moyen, relevoit l'armée d'autant de temps et de travail et l.... [1] d'autant de despenses qu'il fallut puis après [2] employer à la forcer.

Enfin, ne donnant la saison de faire davantage en campagne, le prince se retire à Tournay, suivy du marquis de Roubaix et autres seigneurs et gentilshommes, ayant premièrement ordonné sur le répartement de l'armée, en envoyant partie des Espagnols devers Cologne, au secours de l'évesque de Liége, partie au pays de la Leve [3], sous la conduicte du colonel Mondragon et quelque autre partie au pays de Liége; mais quant au reste des troupes, qui faisoient le plus gros corps de l'armée, Bourguignonnes, Walonnes, Allemandes, Angloises et Escossoises, il leur ordonna le pays de Cassel, au comté de Flandres, tant pour y hiverner, que pour incommoder ce qui estoit de l'ennemy voisin tout à l'entour, en laissant la charge et conduite au marquis de Varambon. Pour sçavoir combien cest allo-

---

[1] *Lacune*; lisez *la deschargeoit?*

[2] C'est à dire le 17 août 1584.

[3] *Leve*, plus souvent *Loeve*, Leticus pagus, pays de la Loeve, dans l'Artois, sur la rive droite de la Lys, vers Merville et Armentières.

gement[1], le plus dangereux de tous, requéroit la vigilance d'un chef confident et expérimenté, plusieurs estimoient que le marquis n'y pourroit beaucoup y tenir; d'autant que le lieu premièrement estoit tout appesté[2] et ruiné par les dégastz qu'autrefois y avoit fait l'armée, à plusieurs passages et séjours, défaillant en toutes sortes de choses, servant à la vie humaine, puis environnez de plusieurs villes ennemies comme de Dunkerk, Berghes-Sainct-Vinox, Diexmuden[3], Vurn[4], Hypres[5], Bruges, Menin, Ostenden, l'Escluse et autres, èsquelles avoit grosse garnison; estoit encor la gendarmerie malcontente à faute de paye, sans espoir d'estre sitost secourue de deniers; et puis y avoit apparence que les troupes, qui auparavant avoient vescu en grande licence et puis venant à souffrir tant de mésaises[6] au siége de Ninauven[7], logées en lieu tant incommode, se rendroient moins officieuses et moins obéissantes, et pour ce sembloit bien que le marquis ne pourroit contenir la gendarmerie, sans beaucoup souffrir d'inconvéniens et incommodités, et courir le hazard d'estre opprimée par les ennemis; mais ce qu'un chacun jugeoit estre malaisé et dangereux, le marquis le facilita avec tant de prudence, dextérité et vigilance que les ennemis furent incommodez, les amis conservez, la gendarmerie n'eut aucune disette et fut

---

1 *Allogement*, logement.
2 *Appesté*, empesté?
3 *Diexmuden*, Dixmude.
4 *Vurn*, Furnes.
5 *Hypres*, Ypres.
6 *Mésaises*, malaises.
7 *Ninauven*, Ninove.

asseurée contre toute hostilité, avec résolution de
surmonter la nécessité par vertu, considérant l'in-
portance de son allogement ; et pour ce, après avoir
chastié sévèrement quelques uns pris en faute, du
commencement, comme il estoit nécessaire, pour les
contenir en le devoir et destromper, leur faisant
veoir de bonne heure la discipline en laquelle il vouloit qu'ils vécquissent ; combien qu'il eût ordre de
gaster et ravager tout à coup le pays de l'ennemi à
l'entour, prévoyant touteffois qu'au procéder avec
telle véhémence, la gendarmerie auroit bien abon-
dance pour le premier jour, mais qu'il termine-
roit puis après en grande disette et extrémité, d'autant que les soldacts ne sont coustumiers de mesnager
leur butin, s'estant pour ce regard veu quelquefois
les denrées vendre à vil pris, comme la vache grasse
à trois ou quatre souls seulement, et puis à un instant
fort chèrement, et de plus le pays une fois ainsy gasté
et ravagé, n'auroit plus quoy y prendre, establit ceste
police que nul soldact pourroit se licencier [1], de courir
sinon avec un sien officier, permettant aux officiers
de prendre à tour certain nombre de leurs soldacts, et
avec ceste compagnie, courir sur l'ennemy seulement
en certains endroicts ordonnez alternativement, avec
deffence de vendre leur butin, sinon après quatre
jours de leur retour, d'où s'ensuivoit que les habitans
du plat pays, n'estant molestez par courses extrêmes,
se contenoient en quelque commodité et l'ennemi seul
recevoit la foule [2] de la gendarmerie ; car, en outre,

---

[1] *Se licencier*, se donner la licence, se permettre.
[2] *Foule*, dégât.

pour empescher que les soldats se dismandants [1] ne courussent sur l'amy, le marquis avoit pourveu aux passages, et sçavoit à quel jour chaque officier couroit; de sorte que sur la plaincte qui fusse survenue de semblables choses, considérant le temps des délicts, il pouvoit parvenir aussitost à la connoissance d'iceux, et ceux qui avoient esté foulez, venant à temps pouvoient recouvrer le butin pris sur eux, non encores aliéné à cause de la déffence des quatre jours. Et combien que les soldacts alloient en petict nombre, si ne laissoient-ils d'estre assez fortz, d'autant que le pays est tout plein de fossez, qui donnent grande commodité de se mettre en deffense, et à tout événement le marquis ne pouvoit recevoir perte que de dix-sept ou dix-huict soldacts allant en trouppe. Ceste situation du pays, pour estre plein de fossez et de telle nature qu'on n'y peut aller que par les chemins ordinaires, donna grand advantage au marquis, qui à son arrivée, ayant faict retrancher les chemins [2] du pays tout autour de soy, ne laissant sinon quelques peticts sentiers, pour servir de passage aux soldacts allants courir, se tenoit suffisant pourveu contre toute surprise; car encor au mesme temps qu'il hivernoit là, le duc d'Alençon, qui auparavant avoit esté rappellé par les Estats, sorti d'Anvers dez la route [3] y faicte de ses gens, et retirant ces garnisons des villes où elles estoient, devers Berghes-Saint-Vinox et Dunkerk, fit souvent semblant de le

---

[1] *Se dismandants*, se débandant.

[2] *Retrancher les chemins*, y établir des retranchements.

[3] *Route*, déroute. Allusion à la *furie française* d'Anvers, du 17 janvier 1583.

vouloir attacquer, et par cest effect, furent à diverses fois, ausdicts Berghes et Dunkerk les portes tenues serrées par quelques jours, de quoy avoit advertissement le marquis, tant par le sieur de la Motte, gouverneur de Graveline, qui toujours a esté très bien adverti, que par aucuns qu'il avoit ès villes à gages, et desquels se laissant quelquefois prendre, il paioit la rençon aux soldacts qui les avoient pris, chose que peu de gens entre sa gendarmerie sçavoient; aussy ne convient-il aucunement que les soldats ayent connoissance de beaucoup de secrets des chefs, qui souventefois ne réussissent, par estre[1] descouvertz ou communicquez; bref, traicta le marquis en cest hivernement avec tant de prudence et dextérité, qu'il en emporta l'amour de toutes gens de guerre, si avant que s'exhibant secourable en leurs nécessitez, combien qu'ils eussent grandes occasions de mescontantement, à faute de payes, lesquelles leurs estoient dheues[2] en bon nombre, tempérant le marquis en temps et lieu la clémence et la sévérité, ils se comportèrent fort doucement, sans s'esmouvoir, mesmement les Bourguignons, qui n'ont jamais refusé de souffrir avec luy tout ce que c'est peu[3] humainement. Les habitans du lieu n'eurent la moindre occasion de se plaindre, ainsy qu'ayant esté humainement traitez et deffenduz de toutes injures et oppressions, ils le tesmoignèrent mesme au prince par lettres fort amples, en suject de remerciement, après les deslogements des troupes.

---

[1] *Par estre*, parce qu'ils sont.

[2] *D'heues*, dues.

[3] *C'est peu*, s'est pu.

Le séjour des dictes trouppes au pays de Cassel
fut d'environ quatre mois, jusques au temps que retournant la saison de pouvoir tenir en campagne, le
marquis eut ordre de les encheminer au secours des
troupes avec lesquelles le comte Charles de Mansfelt [1]
tenoit la ville de Induwen [2] assiégée, parce que l'on
bruioit [3] que les François se préparoient à un ravitaillement, doutant [4] le prince que le dit comte
n'eusse assez de forces pour faire resistance, oultre
la considération qui le poignoit du regret qu'il auroit
si, ayant esté assiégée, elle n'estoit emportée. Suivant quoy, le marquis de Varambon s'estant mis en
debvoir de faire marcher ses trouppes, heut [5] beaucoup de peine et de difficulté de contenir les Allemands qui firent estactz [6] de se mutiner, à cause des
payes, lesquelles leurs estoient dues en bon nombre,
et qui touteffois, pendant le séjour, ne s'estoient
esmeus. Aussy avoit heu le marquis ceste considération que de tousjours les mieux alloger et accom-
moder entre les autres, ayant comme estrangers, plus
besoing d'estre retenus, par tels moyens, que les autres
qui, sujects naturels, avant que s'obliger au service
de guerre, avoient jà le debvoir et l'affection au roy.
Si les appaisa-il touteffois, et par bons moyens feit
suivre jusque à Tournay, où il s'arestat, ayant adver-

---

[1] Charles, comte de Mansfeld, fils de Pierre-Ernest et de
Marguerite de Brederode. Il mourut au siége de Gran, en Hon-
grie, le 14 août 1596.

[2] *Induwen*, Eyndhoven, en Campine.

[3] *L'on bruoit*, le bruit courait

[4] *Doutant*, craignant.

[5] *Heut*, eut.

[6] *Firent estactz*, projetèrent.

tissement de la reddition d'Indauwen[1], en s'excusant de prendre plus de charge des dictes trouppes, craignant ce qui luy avint du depuis, et que la gendarmerie ne pourroit estre aisément retenue si elle n'estoit secourue de deniers. Néantmoins, pour les avoir sceu jusques alors tant bien conduire et retenir, eut nouvel ordre du prince d'en prendre charge et les conduire au pays de Liége, ayant premièrement faict en remettre au sieur de Montigny, deux régiments valons, pour aller autour de Cambray prendre certains forts, desquels les provinces réconciliées souffroient beaucoup de dégasts et d'hostilitez, et appaiser les Allemands qui s'estoient amutinez, en leur promettant quelques prests par mois, revenant à peu près à la somme de leur paye.

Conduisit doncques le marquis de Varambon ses trouppes au pays de Liége et y feit avec icelles séjour d'environ six sepmaines, jusques au temps que le prince, avec quelques trouppes, sous la conduitte du comte de Mansfelt, mareschal de camp[2], fit assiéger Diest, laquelle il emporta par composition[3] et que ayant illec, au camp, communicqué audict prince de l'entreprise qu'on avoit sur main[4], il eut ordre de s'encheminer contre la basse Flandres, pour l'exécution d'icelle, non sans, en son voiage, esmouvoir et donner armes[5] à beaucoup de villes ennemies, les-

---

[1] *Indauwen*, Eyndhoven.

[2] Le comte Pierre-Ernest.

[3] Diest fut pris le 28 mai 1583. LE PETIT, II, 472; VAN METEREN, 228 v°.

[4] *Q'on avait sur main*, qu'on avait projetée sur Dunkerque.

[5] *Armes*, alarmes.

quelles n'eussent jamais pénétré la fin d'iceluy, moins creu que le marquis eusse deu passer à la veue de tant de fortes garnisons, hors de toute commodité de vivres, sans entreprendre en lieux plus prochains et plus à la main, voire desquels il y avoit apparence d'avoir meilleure raison. Ainsy ceux de Bruxelles, dez qu'ils apperceurent qu'il avoit tourné teste contre Brabant, conçurent opinion qu'il devoit commencer de les enclore, dont ilz avoient bien raison, à cause des desgastz et hostilités qu'ils faisoient pour lors, sur les pays tenus par le roy, et pour ce renforcèrent leur garnison de plusieurs compagnies, de laquelle craincte ils furent résolus, appercevans que le marquis tournoit contre le pays de Hainaut, d'où ceux de Cambray entrèrent en mesme doute, d'autant plus que le sieur de Montigny sortoit de prendre les forts d'alentour, qui plus incommodoient les pays réconci-liez. Pareille craincte saississit ceux de Menin, le sentant prendre contre Tournay et par le Tournesis et chastelainie de Lile, et à ceux de Hipres dura le mesme, ayant advertissement qu'il auroit passé l'eau, tirant contre Vorneton [1], jusques à ce qu'ils enten-dirent que la ville de Dunkerk estoit serrée [2].

Mais ce qui plus avoit mis en peine le marquis, en ce voyage, furent les souslèvemens qui surviendrent parmi ses gens de guerre, provenants à la vérité de faute de paye et pures nécessitez, mesmes entre les Allemands qui s'estoient jà voulu mutiner au sortir du pays de Flandres, entre lesquels trois mille, la

---

[1] *Vorneton*, Warneton.
[2] *Serrée*, fermée, investie.

plus part corcelets[1] et vieux soldacts, qui en leur hivernement avoient précédamment espreuvé de la peine, en la comté de Flandres, vers laquelle on les faisoit rencheminer, s'eslevèrent à couleur[2] qu'ils disoient que leurs cappitaines et officiers leurs avoient promis un mois de paye, présuposant par tel moyen, de l'arracher d'un pagador[3] qui lors estoit arrivé, et toutefois n'avoit charge de déliver aucuns deniers, sinon au temps d'employ, ou bien par ce que desjà dès long-temps ils avoient desseigne[4] d'abandonner la militie[5], comme il se feit tost connoistre; car ayant saisi les drapeaux, chassé capitaines et officiers, ils passèrent les rivières de Sambre et de Meuse, femmes et enfants jusques aux espaules, s'en retournants en Allemangne, nonobstant toute remonstrance qu'on leur peusse faire, voire qu'ils seussent que le marquis, qui entré à Namur pour baiser les mains à la duchesse de Parme y estant, enquoy il n'employa plus d'une heure, à son retour en my chemin, fut adverty du souslèvement desdicts Allemands, en avoit, en campagne, promptement escrit à ladicte duchesse, la suppliant, affin d'y remédier, d'ordonner au pagador de délivrer ceste paye, qu'estoit tout le remède qu'il y pouvoit donner, attendu la déffence qu'avoit le pagador, et que le prince estant lors à Herental[6], loing de là, où l'on se

---

[1] Corselets, soldats avantagés ou d'élite, couverts d'une légère cuirasse dite *corselet* et armés d'une pique.

[2] *S'eslevèrent à couleur*, se mutinèrent sous prétexte.

[3] *Pagador*, payeur.

[4] *Desseigne*, dessein.

[5] *Militie*, état militaire.

[6] Farnèse assiégea Herenthals, vers la fin de juin 1583; mais

pouvoit difficillement transporter, à cause des lieux
que l'ennemy tenoit sur le chemin, ne pouvoit estre
consulté avec la célérité requise. Ne voulurent doncques les dicts Allemands attendre la responce de la
duchesse, encores qu'il n'en eussent receu autre
contantement, pour ce que sa réponse fut qu'elle ne
s'empeschoit [1] de faits de guerre et qu'on en devoit
consulter le prince, son fils. Le reste des dictes
trouppes, qui estoit de Bourguignons, Anglois et
Escossois, mit encores en peine le marquis, en ce
voyage, près de Hoterage [2], entre Mons et Tournay;
car n'ayant dès long-temps touché aucuns gages,
mesmes lesdicts Bourguignons d'environ quinze mois,
y avoit sinon un escus par mois à leur arrivée, et
lesdictz Anglois et Escossois nul argent, sinon celuy
que du sien le marquis leur donna, dez qu'ils estoient
entrez en service, firent quelque mine de se vouloir
eslever [3], criants « argents »; [4] mais toutefois avec une
telle modestie et respect de leur chef, duquel ils avoient
aussy espreuvé la sévérité à punir les délicts militaires, qu'à peine les pouvoit-on entendre, et connois-
soit-on qu'à ce ils estoient contraincts, par la force
de nécessité et non d'aucune mauvaise volonté. Quoy
nonobstant, le marquis craignant la conséquence au
poinct que la gendarmerie estoit la plus nécessaire,
et jugeant qu'il estoit expédient de prévenir ceste

il abandonna ce siége au mois de juillet (LE PETIT, II, 473), pour
aller faire celui de Dunkerque.

[1] *S'empeschoit*, s'occupait.

[2] *Hoterage*, Hautrage.

[3] *Eslever*, soulever, mutiner.

[4] Le signal des mutineries, chez les Allemands, était le cri :
« *Geld!* »

flame par quelque exemplaire sévérité, désirant de connoistre les auteurs, pour les faire servir aussy tost d'exemple aux restes des trouppes, ordonna qu'elles marchassent compagnie après compagnie, ce que servoit à ce que les soldacts, ainsy séparez, ne prinssent cueur l'un de l'autre, d'autant que la rébellion s'obstine par le courage que se donnent les uns aux aultres, mesurant la multitude le bien ou le mal par le nombre qui le suit; et encores par ce moyen, les retenoient-ils en debvoir au regard et à la présence des cappitaines et officiers; et puis aux mesmes cappitaines et officiers estoit levée toute excuse de représenter sur le champ les auteurs. Fin de compte, avec ceste ordre et un escu que le marquis leur donna, par teste, du sien propre, les asseurant de les faire puis après pourvoir, ilz s'appaisèrent et contiendrent en debvoir.

Ce pendant le prince sçachant le succès de la mutinerie des Allemands, mande au marquis de passer outre, commandant à quelques trouppes, qui furent sacquées [1] des garnisons de Tournay, Courtray, Notre-Dame d'Au [2] et d'Audernade [3], de se joindre audict marquis et prendre ordre de luy; lequel passant oultre et faisant les trouppes alte [4] près de Tournay, vint le sieur de Montigny audict Tournay, s'aboucher avec luy, où ayant pris résolution de se treuver ensemble à l'abbaye de Lobe [5], avec le colonel

---

[1] *Sacquées*, tirées.

[2] *Nostre-Dame d'Au*; Hal. On a vu que l'auteur (p. 6) dit porte d'*Au*, pour porte *de Hal*.

[3] *Audernade*, Audenarde.

[4] *Alte*, Halte.

[5] *Lobe*, Lobbes, sur la Sambre.

Mondragon, fut du depuis, en ladicte abaye, faicte ouverture audict sieur de Montigny, de l'ordre que le prince donnoit de serrer et assiéger Dunkerk, où le duc d'Alençon s'estoit retiré avec ses trouppes, depuis la route de ses gents à Anvers [1].

Or, convient à sçavoir que l'entreprise d'un tel siége n'estoit sans doute et difficulté, d'autant que dans la ville y avoit mil soldacts, oultre ceux qui estoient près la personne du duc d'Alençon, et douze cents à Berghes-Sainct-Vinox, sous le colonel Vileneuve [2], oultre le reste des trouppes françoises retrenchées à une lieue, et puis à un quart de lieue, entre lesdicts Dunkerk et Berghes; lesqueles les chefs du roy jugeoient qu'il falloit combatre avant que de commencer le siége, de craincte que s'en prenant gardes, elles se jetassent dans la ville[3]. Il se considéroit encores en ceste entreprise que se retreuvant la personne du duc d'Alençon assiégée, attiroit les forces de Frances à son secours ; mais telle considération affectionnoit davantage les gens du roy à ce siége, espérants sur la personne dudict duc d'Alençon, rendre tant plus glorieuse la prise de la ville, laquelle estoit en oultre de trop grande importance, et pour estre maritime et proche de Calais, ne la convenoit aucunement laisser tenir à gents du parti françois. Bien est vray que le combat desdictes trouppes

[1] Le 17 janvier 1583.

[2] *Villeneuve*, colonel d'un régiment d'infanterie française, gouverneur de Bergue-Saint-Winoc, qu'il dut rendre, la même année, à Farnèse, après une belle défense.

[3] C'est à dire de crainte que ces troupes françaises, devinant les projets de Farnèse sur Dunkerque, ne se jetassent dans cette ville.

françoises, estants en campagne, eusse esté fort difficille, d'autant que avant les approcher, il convenoit
aux gents du roy passer dans le port de Dunkerk et
par un autre eau sujette à flux et reflux[1] ; outre ce,
qu'elles estoient logées à la faveur[2] de ceux estants
dans Dunkerk et Berghes. Mais non pourtant[3] les
gents du roy avoient délibéré de prendre, à poinct
nommé, le passage desdictes eaux à basse marée et,
avec sept ou huicts cent chevaux, qui eussent porté
quelques fantassins en croupe, attacquer lesdictes
trouppes, confiant beaucoup en la valeur de leurs
soldacts, et d'avoir bonne raison desdictes trouppes
françoises, non tant praticquées et souvent batues ;
mais il ne fut besoing d'exécuter ce desseing, d'autant que le duc d'Alençon, quelques jours avant
qu'on serasse le ville, s'en estant retiré, avoit em-
mené lesdictes trouppes[4].

Or après l'embouchement[5] susdict à l'abbaye de
Lobe, les chefz du roy s'estant résoluz des moyens à
tenir, pour commencer le siége, prindrent ordre d'en-
vironner ledict Dunkerk ; le marquis de Varambon
et le colonel Mondragon, du costé de Flandres, le
marquis, avec ses trouppes venants du Liége[6] et le
colonel Mondragon, avec vingt-sept enseignes d'Espaignols, venant du peys de la Loeve, où il avoit

[1] La Colme.

[2] Sous la protection.

[3] *Non pourtant*, néanmoins

[4] Selon LE PETIT, le duc d'Anjou quitta Dunkerque le
18 juin 1583.

[5] *L'embouchement*, l'entrevue de Varambon, Montigny et
Mondragon, mentionnée plus haut.

[6] Du pays de Liége.

séjourné jusqu'à lors, depuis le département du corps
de l'armée; et quant au sieur de Montigny, il devoit, avec quelques trouppes de Valons et d'Espaignols, pris du terze de Mondragon et quelque cavalerie, serrer, luy et le sieur de la Motte, la ville du costé
d'Artois, avec en oultre deux cens picques d'Allemands, prises des garnisons susdictes, auxquelles le
marquis de Varambon ordonna de se joindre au sieur
de Montigny, allant exprès à Vorneton [1] pour leur en
donner l'ordre, car depuis l'abouchement à Lobe, le
marquis avoit fait passer à la gendarmerie la rivière
à Commines, logeant les Allemands et Vallons à
Vorneton, et en la campagne, lieu peu esloingné
dudict Vorneton, la cavalerie qu'il conduisoit, ensemble les Bourguignons, Anglois et Escossois.

Dans le quartier de ceux-cy, le mescontantement
de faute de paye et autres nécessitez causa de nouveau quelque esmotion, qui faisoit entendre de nuict
quelques voix singulières, demandant argent et que
l'on croyoit toutesfois plustost estre esmeue par
quelques soldacts des garnisons voisines, s'estant
venus rendre dans lesdictes trouppes, de sorte que le
marquis, craignant que pendant son absence, allant
à Vorneton pour donner ordre ausdictz deux cens
picques d'Allemands, ils ne fissent le mesme qu'a-
voient fait les Allemands près de Namur, principalement se doutant [2] des Anglois et Escossois, qui dez [3]
qu'il estoient entrez en service, n'avoient encore
touché argent, fut contrainct, pour obvier à tel

---

[1] *Vorneton*, Warneton.
[2] *Se doutant*, se défiant.
[3] *Dèz*, depuis.

inconvénient, de donner asseurance aux capitaines et officiers qu'au jour ensuivant il leur fourniroit la paye entière, comme il fit du sien propre.

Moyennant ce, lesdictes trouppes furent retenues en debvoir et passèrent le temps du siége avec toute la modestie possible, encore qu'ils fussent pressez de beaucoup de nécessité et incommoditez, tant pour n'y avoir trouvé aucune eaue douce, d'où ilz furent contrainct de fouyr[1] des puys eux-mesme, que pour n'y avoir peu recouvrir ny bois ni paille, d'autant que les ennemis avoient précédemment bruslé et gasté les villages autour, se doutant, par aventure, d'ung tel siége, tant à raison qu'ils avoient veu plusieurs fois l'armée en ces contrées là, que pour le séjour que y avoit faict le marquis, l'hiver précédent, avec la gendarmerie qu'il avoit en charge, oultre ce que lesdicts soldacts n'avoient moyen de recouvrer aucuns vivres, mesmes pour les premiers jours, que de Gravelines et Bourbour; encor leur fut la commodité dudict Gravelines tost levée par l'ennemy, qui posa quatre grosse naves à la volée du canon[2], à l'embouchure du port dudict Gravelines, à cest effect. Ce pendant les chefs, s'ayant donnez jour, pour se retreuver avec leurs forces devant la ville, y arrivèrent une heure devant jour, le sieur de Montigny du costé d'Artois, et le marquis de Varambon et colonel Mondragon du costé de Flandres, s'estant joinct ensemble, le marquis et Mondragon, à Steinvort[3], et

---

[1] *Fouyr*, creuser.

[2] *Naves*, navires à portée de canon.

[3] *Steinvort*, Steenvoorde, entre Cassel et Poperinghe, dans l'ancienne châtellenie de Cassel.

puis ayant passé leur gendarmerie sur des poncts qu'ils firent sur la rivière[1] près de Berghes, en telle diligence que ceux dudicts Berghes n'eurent loisir de s'en appercevoir ou d'y donner empeschement; se logea le marquis de Varambon du costé de Berghes, et partant plus dangereux à la venue de la garnison y estant, et le colonel Mondragon près des dunes; et pendant que l'on saisissoit les autres avenues, sur l'aube du jour, le sieur de Montigny et le sieur de la Motte s'estans présenté, avec quelques cent et cinquante ou deux cens soldacts, devant un fort assis sur la rivière, entre Berghes et Dunkerk, le sommant de se rendre, ceux de dedans ayant apperceus d'autre costé un escadron de quelque douze cens picquiers, avec les manches de harquebuserie que le marquis de Varambon avoicts faits former[2], entrèrent en telle frayeur que tost après ils se rendirent, bien à propos pour l'armée, d'autant que le fort ainsi situé rendoit aux sieurs de Montigny et de la Motte l'accès difficile au quartier du marquis de Varambon.

Ceux de dedans la ville néantmoins se portèrent à l'arrivée de l'armée d'une contenance résolue et firent plusieurs saillies sur les gents du roy, ayant tousjours esté vaillamment soutenues, mesme du quartier dudict marquis, lequel ils assailloient le plus, pour ce qu'ils y avoient l'accès plus facile, estant les quartiers desdicts sieurs de Montigny et colonel Mondragon logez devers la ville, à la faveur des rivières

---

[1] La Colme.

[2] Les *manches* signifiaient des pelotons de 40 à 60 arquebusiers ou mousquetaires, placés aux angles de l'escadron, rangé en carré.

qu'il eut convenu à ceux de dedans de passer, pour
les assaillir; aussi en ce siége n'espargnèrent les soldacts aucune sorte de travail. Mesme, si[1] fit un
acte digne de réciter, non moins courageux que
plaisant pour la manière; c'est que les Bourguignons, reconnoissant d'autre part[2] une petite rivière, un moulin à vent, duquel ils se pouvoient
prévaloir aux approches et auquel ceux de dedans
taschoient de mettre le feu, jugeant aussi qu'il
faut tant qu'on peut conserver ce que l'ennemy pré-
tend de ruiner, pour y reconnoistre[3] son désavan-
tage, et ne pouvant touteffois approcher le moulin,
sinon passant ladicte rivière, qui estoit sujette à flus
et reflus, se résolurent néantmoins, au temps qu'elle
estoit la plus haute, de la passer, les uns en na-
geant, s'aidants de l'un des bras à la nage et de
l'autre à porter en haut l'arquebuse avec la mesche
et fourniment, les autres se contentant de leurs
espées seules, et ayans pris terre ainsi tout nus, en
combattant courageusement, empeschèrent plusieurs
fois de brusler ledict moulin, ceux de dedans, estonnez
de voir une semblable résolution.

Toute la perte que receurent, en ce siége, les gents
du roy fut de deux compagnies d'Anglois, remises
par le marquis de Varambon au colonel Mondragon,
après que la gendarmerie eut passé la rivière, et lesquelles ayant esté mise par le colonel[4] à la garde du
pont sur lequel la gendarmerie avoit passé, furent

---

[1] *Si*, s'y.

[2] *D'autre part*, de l'autre côté.

[3] *Pour y reconnoistre*, parce qu'il y reconnaît.

[4] Mondragon.

mises en pièces, deux jours après le passage, par ceux de la garnison de Berghes.

Mais d'autant que la ville estant maritime at un port, lequel pour faciliter le siége et empescher un ravitaillement, il convenoit premièrement de serrer, fut en plusieurs endroicts, à travers du canal, planté grand nombre de paux[1] et à travers d'iceux tendues grosses cordes entortillées de grosses chaînes, les cordes pour tempérer la dureté des chaînes lesquelles servoient, avec des tonneaux que l'on y avoit attachés, de rompre le cours des naves qu'on eusse voulu faire entrer dedans, non toutesfois sans passer à la mercy de plusieurs grosses pièces de canons logées deçà et delà sur ledict canal par ceux du roy.

Puis estant la ville achevée de serrer, fut approchée l'artillerie du costé du port, auquel endroict ceux de dedans pensoient le moins, mais les gents du roy avoient bien reconneu que cet endroict estoit le plus foible, d'autant que l'eau du canal, passant le long de la muraille, est sujette à flus et surflus, et d'autre part la ville est environnée de larges fosséz, lesquelles il eut esté très difficille de remplir. Ainsi, sur la fin de la batterie qu'avoit esté dressée en croix et commencée dez l'aube du jour jusques à deux heures après midi, ayant faict bresche si raisonnable qu'un homme à cheval y pouvoit entrer, comme l'on fit veoir après la reddition de la ville, l'eau se trouva si basse que les soldacts allants à l'assaut n'eussent mouillé au plus haut d'un pied, ce qui estonna tellement ceux de dedans, que d'ailleurs ne pouvant

---

[1] *Paux*, pals, pieux, pilotis.

espérer aucuns secours, ayants esté le siége en outre
tant soudain et inopiné, après avoir demandé à par-
lementer, ils se rendirent au parti[1] que les soldacts
sortiroient seulement avec la baguette, estant servi
le prince[2] de prendre plustot la ville à mercy, que d'essayer la fortune d'un assauct, lequel opiniastré ter-
mine souvent par grande effusion de sang, sans en
rapporter aultre fruict, oultre ce que ce peu de bons
soldacts qui estoient en l'armée du roy, il ne convenoit légèrement hazarder, estant le nombre grand
des villes lesquelles restoient à conquérir ; à quoy
s'est tousjours veillé principalement, et n'at-on veu
que de tant de villes, lesquelles ont esté recouvrées
en ceste guerre, il y en ayt heu sinon fort peu prises
d'assaut[3].

Peu de jours auparavant le commencement de la
baterie, le prince, adverti par les lettres du marquis
de Varambon et du colonel Mondragon, de l'estat du
siége, y estoit venu depuis Herental[4], laquelle
environ ce temps, avoit esté réduicte en l'obéissance
du roy, sans beaucoup d'effort, retournant victorieux
sur le mareschal de Biron[5] d'une rencontre qui estoit

[1] A condition.

[2] *Estant servi*, le prince étant intéressé à.

[3] Sur le siége de Dunkerque, *voyez* quelques détails dans
STRADA, II, 263 et suiv. Le siége commença sur la fin de juin,
la capitulation eut lieu le 16 juillet. *Voyez*, aussi LE PETIT, II,
474 ; et VAN METEREN, 228 v°. M. GACHARD *Correspondance de
Guillaume le Taciturne V*, 156.

[4] *Herental*, Herenthals.

[5] Armand de Gontaut, baron de Biron, né en 1524, créé maréchal de France, en 1577, tué au siége d'Épernay, en 1592.
Henri III l'avait envoyé en 1583, au secours du duc d'Alençon,
avec un corps de français et d'écossais. *Correspondance de
Guillaume le Taciturne*, V. 128, 143, 144, 148.

advenue peu de jours au paravant à Rosendal sur
le Dik[1], où, combien que du commencement, les
choses fussent douteuses, le prince néanmoins sceut
tant bien pourvoir, que grand nombre des trouppes
que le mareschal conduisoit y furent tuez ou niez[2].

Au reste la prise de Dunkerk estonna fort le prince
d'Oranges et les Estacts, desquelles on apperceut du
depuis les affaires aller de pis en pis ; et n'estimant
le prince d'Oranges que l'armée du roy, estant en si
petit nombre, heusse[3] voulu attacquer ceste ville,
environnée de beaucoup de grosses garnisons proches
de Calais, et par conséquent de secours, outre ce,
qu'elle estoit garnie de mille soldats françois à l'aide
desquels Chamoy, y laissé par le duc d'Alençon[4],
se faisoit fort de la déffendre envers tous et contre
tous, et qu'autrefois l'armée du roy, lors qu'elle estoit
bien plus puissante en ces contrées-là, ne l'avoit
voulu attacquer, non pas mesme le fort sur la rivière
qui, comme sus a esté dict, fut rendu au commencement du siége, mais la volonté du roy estoit que
l'on ne l'attacquasse point, si l'on n'estoit bien asseuré

---

[1] *Rosendal sur le Dik*, Rosendael, au Nord du Brabant sep-
tentrional sur la rivière de Vliet, qui se jette dans un des bras
de la Meuse (Volcke Rack). Le combat n'eut pas lieu à Rosendael, mais à Steenbergen, situé un peu au Nord-Ouest sur la
même rivière. Sur ce combat, *voyez* STRADA, II, 259 à 261, qui
donne la date du 17 juin 1583.

[2] *Niez*, noyés.

[3] *Eusse*, eùt.

[4] Lorsque, sur la fin de juin 1583, le duc d'Alençon, abandonna Dunkerque pour se retirer à Calais, il laissa dans la première de ces villes, une garnison de 500 hommes, commandée
par Chamois. STRADA, II, 263.

de l'emporter, affin de n'en mettre en soupçon, ceux qui la tenoient.

A l'effect de la prise servit extrêmement le secret qui y fut gardé, la diligence de laquelle on usa et l'union de ceux qui conduisirent l'armée; car la chose fut mainée avec tant de silence, que mesmes les trouppes de l'armée ne s'apperceurent qu'on les tirasse contre Dunkerk, jusqu'à ce qu'elles furent posées à l'entour et qu'on commença de serrer. La diligence fut telle, que tout se treuvant prest, à un instant nécessaire au siége, la ville fut emportée dix-sept ou dix-huict jours après l'arrivée de l'armée; et quant à l'intelligence des chefs, c'est merveille comme ils gouvernèrent ceste armée composée de plusieurs nations et malcontante, avec une bonne concorde et sans aucune émulation, jusque à l'arrivée du prince.

Toutes ces choses estonnèrent tellement les villes voisines et firent trembler de telle sorte, que chacune doubtoit du siége[1], et occasionnèrent ceux de Bruges d'envoier appeller ceux de la garnison de Menin, dans leur ville, pour se tenir plus forts; mais pendant que ceux de ladicte garnison y allèrent, sortans de leurs fors, sans y laisser aucuns soldacts ou par la faute du commandement venant de Bruges, ou par leur négligence propre, aucuns soldacts valons, estans en campagne, et treuvant le fort délaissé et sans résistance, s'en saisirent pour le roy, comme le treuvèrent ceux de la garnison y ayant voulu retourner le lendemain de leur sortie, sen-

---

[1] Redoutait d'être assiégée.

tants qu'au lieu de leur ouvrir la porte, on leur fit salve de harquebuserie ; chose qui vint bien à propos pour incommoder ceux dudict Bruges, qui entretenoient ladicte garnison à leurs frays, s'estant en oultre ledict fort, au temps de la prise, treuvé bien garny de vivres et munitions de guerre [1].

D'ailleurs, pour ne perdre temps, après avoir donné ordre aux affaires de Dunkerk, et laissé quelques trouppes à l'effect de bastir un fort autour de Berghes-Sainct-Vinox, pour la tenir sujette et contraindre à se rendre, ce qui avint quelques temps après, que le colonel Villeneuve, estans dedans, seul resté des chefz françois ès Peys-Bas, en ceste contrée, pour se veoir sans espoir de secours et environné de toutes parts, la quitta [2]; jugeant le prince cela seulement estre pour le temps nécessaire, fit marcher l'armée contre Neuport, laquelle ne pouvant soustenir le siége fut forcée de se rendre [3].

Puis l'armée se présenta devant Oestenden [4], pour voir s'il y auroit moyen de rien faire, ayant le prince grande envie de la réduire en obéissance, d'autant qu'il pervoioit [5] que la garnison y estant, pourroit beaucoup endommager le plat pays, comme il s'est veu depuis qu'elle a faict beaucoup de courses et dommages, voires jusques aux portes de Bruxelles depuis la reddition ; mais il n'y fut rien entrepris,

---

[1] La ville de Menin fut prise avant le 1er août 1583. *Voyez* STRADA, II, 266.

[2] A la fin de juillet 1583, selon STRADA, II, 265 ; *voy.* aussi LE PETIT, II, 478.

[3] Selon STRADA, II, 265, Nieuport se rendit le 23 juillet.

[4] *Oestenden*, Ostende.

[5] *Pervoioit*, prévoyait.

d'autant que outre ce que la ville est forte de son assiete, il y at encores une plage du costé de la mer, sur laquelle estants posées quelques naves par l'ennemy, à la volée du canon, on ne les pouvoit empescher qu'ils ne jetassent d'heure à autre plusieurs petites barquettes dans la ville pour la secourir et renfraichir de vivres et munitions de guerre.

Le prince donc, ayant ce reconneu, laissa pour ceste fois d'entreprendre sur Oestenden et ordonna au marquis de Varambon de s'avancer avec quatorze compagnies de cavalerie, et nombre d'infanterie bourguignonne et valonne, pour commencer de serrer et se saisir des advenues de Diexmunden[1], laquelle n'estant autrefois qu'un village non clos, avoit esté, durant ces révoltes, fortifiée et rendue tenable contre la force d'une armée; mais ceux de dedans ne voulurent souffrir le siége et se rendirent incontinant, mal à propos pour ceux de Hipres[2], d'autant que ceux de Diexmunden leur fournissoient beaucoup de vivres et de commodités. La ville de Vurn[3] ne voulut non plus attendre le siége et se rendit incontinant.

Après quoy l'armée du roy marcha contre Hypres et se contenta le prince, affin de ne perdre temps à la longueur d'un siége, et pour conserver le peu de bons soldacts dont l'armée estoit composée, d'y faire bastir un fort, dans lequel furent logés nombre de gens de pied et quelques gens de chevaux, affin d'empescher, à l'aide des autres garnisons voisines, les-

---

[1] *Diexmunden*, Dixmude, également prise au mois de juillet.
[2] *Hipres*, Ypres.
[3] *Vurn*, Furnes, prise au mois de juillet.

quelles se donnoient la main en temps d'exploict, qu'aucuns vivres ou autres commodités n'entrassent audict Hypres ; et de faict, par ce moyen, la ville fut réduicte à telle extrémité que n'y entrans aucuns vivres ou aultres commodités qu'à hottées et f... [1] rarement, elle fut contraincte, au bout de quelques temps, de se rendre par nécessité, à faute de vivres[2].

Ceux de l'armée avoient précédamment espreuvé la mesme nécessité, pendant qu'ils dressoient ledict fort[3], avec une peste fort cruelle, de laquelle le marquis de Varambon perdit le sieur de Mons, son lieutenant-colonel, et deux cappitaines de son régiment, tous valeureux et expérimentez, et puis vingt et deux personnes de sa maison, en son logis propre, nonobstant quoy il ne laissa de continuer la besongne, mesme selon l'ordre que luy en manda donner le prince.

Survint cependant la saison de l'hiver et fit le prince retirer l'armée à Esclo [4] et lieux circonvoisins situés entre Bruges, Gand et l'Escluse, villes pour lors ennemies, en intention de faire tousjours incommoder lesdictes villes, et afin de ne perdre aucune occasion de travailler et endommager l'ennemy, et

---

[1] Il y a dans le manuscrit un mot enlevé qui semble être *fort*.

[2] Farnèse commença à bloquer la ville vers la fin d'août 1583. La capitulation fut signée le 7 avril 1584 et ratifiée, par Farnèse, le 10 du même mois. VEREECKE, *Hist. milit. d'Ypres.* — *Voyez* aussi LE PETIT, II, 484 ; VAN METEREN, 231 et 234 v°.

[3] L'auteur cité dans la note précédente dit (p. 94), qu'il n'a pu découvrir l'emplacement de ce fort, qui était situé sur la route de Bruges.

[4] Eccloo.

pour ce qu'ils joingnoient au pays de Vas [1], lors gras
et abondant, voires qui contribuoit à l'armée du roy
bonne quantité de deniers par mois.

Durant quelque séjour que le prince y fit, furent
pris quelques châteaux autour, mesmes ceux de Mildeborg [2] et d'Oden [3]. Le marquis de Roubaix heut
ordre de tirer contre Mildeborg, avec autant de
troupes qu'on jugeroit estre de besoing et quelques
pièces d'artillerie, et l'ayant assiégé, puis battu, à la
fin le prit avant aucun assault, par composition [4].
Le marquis de Varambon heut ordre de tirer contre
Oden et se retreuvant avec petites trouppes de Bourguignons, pour autant que les soldacts commen-
çoient jà de courir pour leurs provisions, devoit par
ordre du prince, s'adjoindre en passant deux régiments valons, à l'effect de sa charge et attendre
quelque pièces d'artillerie nécessaires, pour estre la
place forte et qui pouvoit attendre le canon; mais
sans avoir le secours desdictz valons, moins aucune
artillerie, le marquis de Varambon se présentant sur
la diane [5], devant le châteaux, avec environ trois cens
au plus de ces Bourguignons et quelque soixante et
dix chevaux, lesquels il répartit et logea en plusieurs
endroicts, au couvert de quelque buissons, faisant
sonner en divers lieux la trompette et ses tambours à

---

[1] *Vas*, Waes.

[2] *Mildeborg*, Middelbourg en Flandre, entre Dame et Arden-
bourg.

[3] *Oden*. Je n'ai trouvé ce nom sur aucune carte. Peut-être
ai-je mal lu le manuscrit. N'est-ce pas Axel ou Hulst? STRADA,
II, 268.

[4] En novembre 1583, selon STRADA, II, 268.

[5] *Sur la Diane*, au point du jour.

plusieurs marches, fit croire à ceux de dedans qu'il avoit beaucoup plus grandes trouppes pour les forcer, de sorte qu'ayans en oultre aussitost faict gaigner, par trente ou quarante soldacts des siens, la basse-court et puis sommé ceux de dedans, leurs déclarant que si ils attendoient le canon, il les feroit tous pendre aux craneaux [1], ilz furent tellement esbranlez qu'il se rendirent incontinant, non sans qu'à leur sortie, ils conceussent un merveilleux regret, recongnoissant le stratagême, par lequel eulx, vieux soldacts et pratiques, qui avoient autrefois servi l'ennemi à Harlem, Ziriczée et autres expéditions notables, en Hollande, estoient trompez et surpris par l'adresse et soudaine invention du marquis, ensemble le petit nombre de gens par lequel ils estoient forcez.

L'armée doncques logée ès dictz lieux, envoyant les Espagnols devers Cologne, pour se joindre à Nicolo Basto [2], qui jà y estoit, avec quelque nombre de cavalerie pour le secours de l'évesque de Liége, le prince laissa en [3] charge des autres trouppes au marquis de Roubaix, et se retira à Tournay suivi du marquis de Varambon, et quelques autres seigneurs, et gentilhommes ; où, pendant le séjour qu'il y fit, fut traicté de la reddition de Bruges [4], moyennant [5] icelle le

---

[1] *Craneaux*, créneaux.

[2] Nicolas Basta ou Basti, capitaine de la cavalerie albanaise, frère de Georges, général de cavalerie.

[3] *En*, lisez *la*.

[4] Sur la capitulation de Bruges, du mois de mai 1584, *voyez* STRADA, II, 280 et suivantes ; LE PETIT, II, 485 ; VAN METEREN, 235.

[5] *Moyennant ;* lisez *ménageant*. — BENTIVOGLIO, II, 439, donne des détails sur cette affaire.

prince de Chimay [1], qui en estoit gouverneur, après toutesfois que ladicte ville eust esté pressée et réduicte à toute extrémité par les gentz du roy tenants plusieurs garnisons, le fort mesme de Marcouin et la campagne à l'entour.

Retournée la saison de se mettre aux champs, le prince desseignant jà [2] sur la ville de Gand, se résoult de forcer premièrement ceux de Terremonde, jugeant que ceste ville réduicte en l'obéissance du roy, il seroit plus aisé de venir à bout de ceux de Gand, qui par ce moyen, demeureroient forcloy de pouvoir espérer commerce ou secours de vivres d'Anvers, par la rivière de l'Escaut, sur laquelle Terremonde est assise, entre Gand et Anvers. Ceux de dedans attendirent le siége, et s'opiniastrèrent si avant, qu'ils ne se rendirent sinon après batterie faicte, et avoir esté essayé un assaut furieux, auquel les gens du roy tiendrent quelque temps un ravelin, et receut l'armée du roy, en ce siége, une perte notable de Petro de Pas, colonel espaignol, ancien et expérimenté capitaine, et de Petro de Taxis, vedorgénéral du camp [3].

[1] Charles, prince de Chimay, et plus tard duc de Croy et d'Arschot, fils aîné de Philippe de Croy, duc d'Arschot, naquit à Beaumont, le 11 juillet 1560. Il prit d'abord parti pour les confédérés, puis fùt l'un des chefs des mécontents. Il devint chef de sa maison en 1595, par la mort de son père et mourut le 13 janvier 1612. Voyez *Mémoires autographes du duc Charles de Croy*, publiés par le baron de Reiffenberg, sous le titre : *Une existence de grand seigneur au seizième siècle*. Bruxelles, Muquardt, 1845.

[2] *Desseignant jà*, ayant déjà des desseins.

[3] La prise de Termonde est du 17 août 1584. Sur ce siége, voyez STRADA, II, 308; LE PETIT, II, 498; VAN METEREN, 241.

La prise de Terremonde facilita celle de Gand, qui
suivit tost après [1], tant par le moyen de quelque fort
assis sur la rivière pour la tenir en bride, que par la
valeur et vigilance des Bourguignons, qui tenoient
d'autre part seuls la campagne et tentèrent une
infinité de moyens pour la forcer; dont sera, moien-
nant quelque plus de loisir, discouru, Dieu aydant,
particulièrement; si avant que ceux dudict Gand
n'osèrent jamais comparoir, moins guères [2] abandonner leur batterie, encores qu'ils soient renommés
de pouvoir mettre trente mille hommes en armes.

Suivit tost après le siége de Virevorde, par ordre
du prince, laquelle assiégée et battue et l'assaut
prest à remettre, à la fin fut prise par composition,
commandant le comte de Mansfelt, mareschal du
camp [3].

C'estoit au temps que le prince commençoit de se
retirer à Beuveren, païs de Vas [4], prenant résolution
de serrer la rivière de l'Escaut, moyen jugé seul [5]
pour rendre plus facilement le roy maistre d'Anvers.
Avoit là, quelque temps auparavant, le prince, en
ce mesme païs de Was, par quelque nombre de Bourguignons et Valons y envoiés, faict occuper aucunes
digues, lesquelles on avoit advertissement que l'en-

---

[1] Le 17 septembre, selon KERVYN DE LETTENHOVE, VI, 388;
LE PETIT, II, 499; VAN METEREN, 241.

[2] *Moins guères*, et encore moins.

[3] Investie le 27 août 1584, la ville de Vilvorde fut prise le
6 septembre. HENNE et WAUTERS, *Hist. de Brux.*, I, 565; WAU-
TERS, *Env. de Brux.*, 31; LE PETIT, II, 498.

[4] *Beuveren*, Beveren dans le pays de Waes, où se trouvait
le quartier général de Farnèse, pendant le siége d'Anvers.

[5] Suppléez ici *bon*.

nemy tascheroit de rompre pour incommoder le lieu, oultre ce qu'ils servoient à empescher ceux d'Anvers de prendre commodités de vivres dudicts pays de Vas, duquel et de celuy de Campaigne [1] ils en tiroient plus commodément. Avoit encores auparavant, le prince, faict tanter quelque entreprinse, qu'on tenoit asseurée, sur le fort de Lilo [2]; mais laquelle ne réussit pas, pour n'avoir usé peut-estre de toute la célérité requise aux exploicts de guerre.

Doncques après la reddition de Gand et y avoir mis garnison nécessaire pour sa garde, le prince fit passer les Bourguignons du marquis de Varambon et les Anglois du comte de Vestamberlend [3] par le pays de Brabant, leur ordonnant de soy venir loger à Berendreche [4] au dessous d'Anvers, du costé de Brabant, entre Strabruch [5] et Lilo, et les Espaignols du terze de Petro de Pas, gouvernez par don Joan de Laguila [6], plus bas, tirant contre Berghes sur le Zon [7]; et fut lors basti un fort qu'on nomma de la Trinité [8] sur le Blaurendyk [9], à portée du canon, entre deux fortz que précédamment furent faict. quand on pensa prendre le fort de Lilo, pour em-

---

[1] *Campaigne*, la Campine.

[2] Lillo, sur la rive droite de l'Escaut, l'un des deux principaux forts extérieurs d'Anvers.

[3] *Vestamberlend* Westemberland.

[4] *Berendreche*, Beerendrecht, rive droite, au N. de Lillo.

[5] *Strabruch*, Stabroeck, rive droite, au N. E. de Lillo.

[6] Jean d'Aquila, mestre de camp du tercio que Pierre de Paz avait commandé. STRADA, II, 379.

[7] *Berghes sur le Zon*, Berg-op-Zoom.

[8] Sur ces trois forts de la Trinité, *voy.* STRADA, II, 305 et suiv.

[9] *Blaurendyk*, Blauwgaerendick. C'est la digue qui longe l'Escaut, rive droite, entre les forts Frédéric-Henri et Lillo.

pescher que l'ennemi ne coupasse le dik[1], au lieu où il estoit basti, ce qu'eusse peu rendre le Costendik[2] inutile, depuis réparé et fortifié en ce siége. Oultre plus, le comte de Mansfelt, mareschal du camp, logeat à Stabruch, y demeurant sa personne avec bonne partie de l'armée, tant d'Espaignols qu'Allemands, Italiens et Valons, et cavalerie jugée nécessaire, pour le service du camp.

Puis fut la rivière de l'Escaut serrée plus haut que Lilo, du costé d'Anvers, par le moyen d'une passilade ou stecade[3] qu'on dressa aux deux boutz[4] de la rivière, et au milieu de bateaux ancrez de quatre ancres, avec pontz de l'ung à l'autre des bateaux, et artillerie sur les deux bouts[5], estant lesdictz bateaux gardez d'Espaignols du costé de Brabant, de Bourguignons au fil de l'eau et de Valons du costé de Flandres, y commandantz à tour quelques cappitaines bourguignons; par le moyen de laquelle pallissade fut le commerce de la rivière et par conséquent d'Holande, Zélande, Angleterre et généralement de toute la mer océane, empesché aux habitants dudict Anvers, si[6] qu'icelle achevée, n'y entrèrent plus aucuns vivres ni munitions, mesme dez que le milieu de la rivière, qui ne pouvoit estre piloté pour sa profondeur, fut serré par le moyen des bateaux, desquelz la red-

---

[1] *Le dik*, la digue.

[2] *Costendik*, Cauwenstinsche ou Couwesteynse dyck, ou digue de Covestein, allant du fort de la Croix vers Stabroeck.

[3] *Passilade* ou *stecade*, palissade ou estacade.

[4] *Aux deux boutz*, aux deux bords.

[5] Sur la construction de ce pont, *voy.* STRADA, II, 313 et suiv. ; LE PETIT, II, 509 ; VAN METEREN, 242.

[6] *Si*, de telle manière.

dition de Gand et Terremonde donna commodité [1].

Et quant au Costendik, il fut aussy avisé de le réparer et fortifier, comme on fit, de plusieurs forts [2], avec gardes nécessaires, tant d'Espaignols, Allemands que Vallons et bon nombre d'artillerie, d'autant que c'estoit le seul chemin pour passer dez le quartier du prince [3], par dessus la pallissade, au quartier du marquis de Varambon, où estoit le plus gros corps de l'armée, y ayant peu ou rien à douter [4] du costé de Flandres [5], estoit à craindre que si l'ennemy se fusse emparé dudict Costendik et si fortifié [6], il eusse séparé le meilleur et le plus gros de l'armée d'avec la pallissade, et de la personne du prince mesme, oultre ce que coupant l'ennemy, le Costendik, au lieu où furent bastis sur iceluy les forts qu'on nomma d'Ordan [7] et de l'Escluse, et puis le Blaurendik, en l'endroict où estoit basty le fort de la Trinité, il eusse faict prendre à la rivière un cours qu'on dict qu'anciennement elle tenoit, et par ce moyen rendu la pallissade ou stecade inutile; mais pour les empescher furent encor bastis quelques forts sur le Blaurendik, que le marquis de Varambon

---

[1] C'est à dire au moyen des bateaux qu'on pût se procurer par suite de la prise de ces deux villes.

[2] On construisit à l'extrémité de la digue, sur l'Escaut, le fort de la Sainte Croix, puis, sur la digue même, les forts Saint Jacques, de la Morte ou de Saint Georges, et des Pilotis ou de Victoire. *Voy.* STRADA, II, 346 et suiv. Sur les forts du bas Escaut, *voyez* le plan inséré dans les *Ann. de l'Acad. d'archéologie de Belgique*, 2ᵉ série, tome VI.

[3] Sur la rive gauche de l'Escaut.

[4] *Douter*, redouter.

[5] Suppléez *mais*.

[6] *Si fortifié*, s'y fût fortifié.

[7] Oordam ou Saint-Philippe, à l'ouest d'Oorderen.

gardoit, plus bas que Lilo, à la venue de l'armée hollandoise, qui survint quelque temps après la pallissade achevée.

Bien est vray que si, comme aucuns estoient d'advis, la palissade eusse été tirée plus bas que le fort de Lilo; il n'y eut heu rien à craindre de semblable, pour autant que l'ennemi n'eusse heu le moyen d'approcher le Costendik, comme il fit depuis, entrant dans le pays inondé, entre le Blaurendik et ledict Costendik, par une coupure qui avoit esté faicte autrefois par les ennemis sur le Blaurendik, un peu plus haut que le fort de Lilo; oultre qu'en ce cas se sauvoit la despense qu'il fallut employer à la réparation et fortification dudict Costendik, et le nombre d'environ deux milles hommes, qui chacque soir entroient en garde sur iceluy, et, ce qui estoit plus considérable, demeuroit en même temps le fort dudict Lilo assiégé, duquel encores il eusse esté aisé de se faire maistre, puisque ceux du fort de Lieukerke[1] situé sur la rivière, d'autre costé, qui avoit esté basti par les ennemis, craignant jà ce qui leur est advenu et puis pris sur eux, par les gens du roy, incommodoient du commencement avec quatre pièces d'artillerie, de telle façon, ledict fort de Lilo qui n'estoit que de pierres, qu'il n'y avoit en iceluy aucun lieu d'asseurée retraicte, ainsy qu'aucun des ennemis, venus en la puissance des gents du roy, l'ont déclaré à plusieurs fois et quelques soldacts[2] du roy, par eux tenus[3], l'ont appris.

---

[1] *Lieukerke*, Liefkenshoeck, rive gauche.

[2] *Quelques*, lisez *que quelques*.

[3] *Par eux tenus*, prisonniers des ennemis.

Or ladicte palissade ou stecade achevée, et le Costendik ainsy réparé et fortifié, ceux d'Anvers, pressez de nécessité, fabriquèrent quelques bateaux, faisant effect de mines avec feu artificielle et lesquels atterminez, conduicts par aucuns, qui tost les abandonnèrent, sentans arriver le temps de leur effect, et approchants de ladicte palissade, au bout devers Flandres, l'endommagèrent fort de ce côté là et en rompirent et bruslèrent une partie, oultre ce que le marquis de Roubaix, le sieur de Billy[1] et quelques uns principaux de l'armée, se retreuvans pour lors sur la palissade, y furent tuez et quelques autres soldacts blessez et intéressez. Ce fut occasion que, pour couvrir et plus asseurer la palissade à l'encontre de semblable événement, l'on fit quelques flottes bastant[2] pour diminuer les plus grandes forces de bateau qui eussent peu venir.

D'autre part, voulants ceux de Hollande secourir la ville, vint de leur costé une armée navale conduicte par le comte d'Hollac[3], lequel à son arrivée, ayant arresté quelques jours à Batzenturn[4], puis tachant de gagner une guettir[5], après avoir tenté

---

[1] Don Gaspard de Robles, portugais, chevalier de Saint-Jacques, baron de Billy par son mariage avec Jeanne de Saint-Quentin, baronne de Billy. Tué le 4 avril 1585.

[2] *Bastant*, propres à.

[3] Philippe, comte de Hohenlohe (Hohenlonius, Holoe, Hollachius, Holloch, Hollac). Il avait épousé Marie, fille de Guillaume le Taciturne et d'Anne d'Egmont, et commandait l'armée navale. GROEN VAN PRINSTERER, *Archiv.*, VIII, 448.

[4] *Batzenturn*, Batzen-Toorn, un peu au nord du fort de Batz.

[5] *Guettir*, mot inconnu. Serait-ce un endroit pour se mettre aux aguets.

sur les forts où estoit le marquis de Varambon avec Bourguignons et Valons et tirez quelques deux centz volées de canon, y treuvant plus de résistence qu'il ne pensoit, ancra ses bateaux de guerre entre le fort de Lieukenzuk et celui de Lilo, et battit si furieusement celuy de Lieukenzuk, que les soldats furent contraincts de l'abandonner. La même fortune coururent aussitost les forts bastis sur le mesme costé, nommez de Sainct-Antoine et de Nort[1]; estant dans celuy de Nort le sieur de la Jumelle, lieutenant-colonel du régiment du comte d'Egmont, auquel pour ne le pouvoir secourir, y obstant[2] l'assiete du lieu, le prince manda de se rendre aux plus honorables conditions qu'il pourroit. Se tint-il néantmoins quelque temps, secouru par le marquis de Varambon de quelques munitions de guerre, y aians faict, les gents que le marquis y envoya, quatre voyages heureusement tant au aller qu'au retour, encores qu'il leur falloit passer entre les bateaux de garde, que l'ennemy tenoit sur les fortz dudict marquis et le gros de leur armée.

Après avoir pris ces fortz, ceux du fort de Lilo et de l'armée hollandoise, concernants[3] desjà de remettre[4] contre Costendik, comme depuis ils firent, et contre le château de Lilo[5], que les gens du roy tenoient encores, affin de n'estre si tost apperceus à leur embarquement et désembarquement, bastirent

---

[1] *Saint-Antoine et de Nort.* Ces forts se trouvaient sur la rive gauche, dans l'île de Doele ou Dele.

[2] *Y obstant*, s'y opposant.

[3] *Concernants*, concertant.

[4] *Remettre*, attaquer de nouveau.

[5] Au nord-est du fort de Lillo.

un fort entre les forts, où estoit le marquis de Varambon d'un costé, et le leur[1] de Lilo d'autre, sans
que les Espaignols et Bourguignons leur donnassent
une bonne main, venant avec beaucoup de valeur
jusques aux espées avec eux, pour leur donner empeschement, au temps qu'il commencèrent de le bastir.

Après quoy, ils tournèrent à batre le chasteau
dudict Lilo, sans qu'il y eusse aucun moyen de le
secourir pour l'assiete du lieu, car en aucuns
endroictz l'eau estoit si haute, que l'on n'y eusse peu
faire passer ny gents à cheval ny gents à pied, et en
d'autres estoit si basse qu'il n'y avoit moyen de faire
aller les bateaux.

Puis s'estantz faict maistre dudict chateau, le
comte d'Hollac, avec la mesme armée, voulut tenter
contre le Costendik, mais il y fut vaillamment repoussé avec notable perte de ses gents, ayant esté descouvert et apperceu.

Parquoy et pour couvrir sa seconde entreprise, il
fit courir un faux bruict qu'il avoit esté tué par
aucuns matelots et soldacts, pour ne leur avoir esté
faicte raison de quelque butins pris sur ceux du roy,
et fit porter ce bruict par un qui, faignant se sauver
comme complice de l'homicide, tout effrayé, vint se
rendre à nage, dans uns des forts du quartier du
marquis de Varambon, présuposant le comte, qu'au
bruict de telle nouvelle, l'armée feroit garde plus né-
gligente, qui serviroit pour faciliter son entreprise;
puis faict passer au dessus de Lilo quantité de ses
vaisseaux, tirant contre le Costendik, sans néant-

---

[1] *Le leur*, leur fort.

moins pour ceste fois y remettre, d'autant que le marquis de Varambon, s'en ayant apperceu et envoyé quelque petits vaisseaux des siens, pour le reconnoistre, donna incontinant advertissement tant à ceux qui estoient sur le Costendik, qu'au reste du camp, de sorte que se voyant tousjours descouvert, par la vigilance du marquis, se résolut, affin d'y obvier, de loger ses bateaux, trois jours durants, en un bois estant dans le pays inondé, entre le quartier du marquis de Varambom et le Costendik, plus proche toutesfois dudict Costendik ; et par un matin, remet à la diane inopinément contre ledict Costendik, au lieu qu'il estimoit le plus aisé, pour estre plus eslongné des forts et duquel les gents du roy doutoient le moins, arrivants ceux d'Anvers de l'autre costé, lesquelz avec nombre de bateaux et d'artillerie assaillirent en mesme temps, puis ayant pris pied en terre ensemble, se retranchant en douze ou quatorze endroicts, y demeurèrent environ sept heures victorieux, non obstant toute la diligence que le prince d'un costé, ou le comte de Mansfelt d'autre y peussent mettre, les ayans faict plusieurs fois assaillir, à l'effet de leur faire quitter la place.

Et entretant, le comte d'Hollac, par le pais inondé delà le Costendik passa jusques en Anvers, asseurant la victoire à ceux de dedans, qui, à ce bruict, ravalèrent[1] le prix de leurs vivres à la moitié ; mais ils chantoient le triomphe avant la victoire ; car pendant ceste leur courte joye, le marquis de Varambon considérant l'effect des ennemis et qu'il y

---

[1] *Ravalèrent*, abaissèrent.

alloit à ce coup de la fortune totale de ce siége, d'autant que tenant plus longtemps et ayant loisir de se fortifier sur ledit Costendik, il eusse esté très difficille, voires presque impossible de les en desplacer avant qu'ils eussent faict ce qu'ils désiroient, au quel cas son quartier demeuroit inutile et ne pouvoit avoir ordre du prince, à cause que les ennemis tenoient le passage, print avis d'y envoyer les Espaignols qui furent de Petro de Pas[1], lors conduicts par don Joan de Laguila[2] et qui estoient destinez pour la garde de son quartier; car après avoir pourveu à la seurté de la palissade et du Costendik, le prince estimoit ce quartier estre le plus dangereux, pour ce qu'il estoit le plus près de Lilo, le plus exposé à l'ennemy, à la venue de Berghes-sur-le-Zon et le plus eslongné de secours; considéroit le marquis que les Espaignols arrivants frais et contre l'attente de l'ennemy, d'autant qu'ils en estoient eslongnez une bonne heure de chemin, qu'il convenoit faire par circuit, à cause des eaux toute autour, ils les repousseroient aisément, mesme les treuvant las et recrens[3] tant du travail pour lequel il estoit vraisemblablement venu, que des escarmouches qu'il avoit supportées; oultre ce que par communication qu'il eut avec aucuns matelots bien praticques et qui dez longtemps demeuroient entre ses gents venus se rendre au service du roy, et des quels il fut informé de l'estre de l'eau, il jugeoit qu'à l'arrivée desdicts Espai-

---

[1] *Qui furent,* qui avaient été autrefois commandés par Pierre de Paez.

[2] Jean d'Aquila.

[3] *Recrens,* fatigués, découragés.

gnols les bateaux mesmement[1] d'Anvers seroient contraincts de se retirer; si fit l'issue paroistre sa conjecture n'estre vaine. Car aussi tost que lesdits Espaignols, qui alloient touchant leurs marches, avec tous leurs tabours furieusement[2], heurent approché le Costendik, et commencé l'escarmouche, les ennemis, tant pour la retraicte de leurs vaisseaux, que surpris de ce nouveau secours, arrivant tout frais et inopinément, sans s'amuser beaucoup à combatre, abandonnant armes et places, taschèrent de se sauver dans leurs vaisseaux, ce que toutesfois ils ne purent faire si tost que tant tuez que noyez ils n'y demeurassent trois mille[3].

Ce service fut jugé de très grand emport[4], d'autant que dez lors commença le prince à se plus asseurer de l'issue de son entreprise, et ceux de dedans de perdre courage; oultre ce que furent gaignez sur l'ennemi environ trente bateaux et bon nombre d'artillerie et l'entreprise du comte d'Hollac avoit mis le siége en très grand hazard, et non seulement ce siége, mais encore l'asseurance d'aucunes villes importantes, desquelles la foy n'estoit encor trop recongneue, et dans lesquelles, au premier bruict qu'elles heurent du faict de l'armée hollandoise, on commençoit à lever la teste et tenir certains langages qui faisoient douter de leur courage.

Ne convient oublier que ceux d'Anvers, pour un

---

[1] *Mesmement*, même ceux d'Anvers.

[2] *Touchant leurs marches*, battant leur marche.

[3] Sur l'attaque de Couvensteyn, qui eut lieu le 26 mai 1585, *voy.* STRADA; LE PETIT, II, 514; VAN METEREN, 249.

[4] *Emport*, importance.

semblable effect, ou bien pour forcer la palissade, avoient faict un très grand vaisseaux à preuve d'artillerie et chargé de beaucoup de pièces, qu'ils appelloient « Fin de la guerre », lequel, pour sa grandeur et pesanteur, ne peut passer si avant qu'il s'en servissent pour leur dessein, ains après la route [1] du Costendik, fut tost abandonné.

Parquoy, estonnés que leur machine de feu et toute entreprise faicte contre le Costendik n'avoient réussi, selon qu'ils espéroient, que de terre ils ne pouvoient attendre aucun secours, ayant durant le siége. Malines [2] et Bruxelles [3] esté forcées de se rendre, lesquelles toutesfois ne pouvoient, au temps de leur reddition, espérer aucuns secours que du mesme Anvers, après avoir esté sommez de nouveau, prindrent, au bout de quelque temps, résolution de se rendrent; ayant, à l'effect de traicter, envoyez devers le prince des principaux et du magistrat dᵒ leur ville, ausquels, après que toutes les conditions de la reddition furent arrestées [4], le prince permit de voir les ouvrages de la palissade et du Costendik, et puis au bout de quelques jours, entra dans la ville au nom du roy [5]. Pendant le siége et environnement d'icelle, le mesme prince avoit receu l'ordre de Bourgongne, de la Toison d'or, par les mains du comte de Mansfelt,

---

[1] *Route*, déroute.

[2] Malines capitula le 21 juin 1585, selon STRADA, II, 373; le 19 juillet, selon LE PETIT, II, 511 et VAN METEREN, 247 v°.

[3] La capitulation de Bruxelles fut signée le 10 mars 1585, selon HENNE et WAUTERS, *Hist. de Bruxelles*, I, 575; LE PETIT, II, 511; VAN METEREN, 247 v°.

[4] La capitulation d'Anvers fut signée le 27 août 1585.

[5] Le 27 août.

mareschal du camp, chevalier du mesme ordre, député du roy, dans le fort de Brabant [1], joingnant à la palissade. Et au bout de quelques temps, ayant entré dedans Bruxelles, après avoir fait donner quelque commencement au rebastiment de la citadelle d'Anvers, pendant son séjour, aucuns seigneurs, lesquels le roy a voulu de tant honorer, y receurent le mesme ordre de ses mains, à mesme jour et heure, et en cest ordre que le roy mesme commanda, à sçavoir : le marquis de Varambon le premier, le comte Doverend [2], le second, le comte d'Arenberg [3], le troisiesme, le comte de Berlaimont [4], le quatriesme, le comte d'Egmont [5], le cinquiesme, et le marquis de Ranty [6] le sixiesme.

Or, suivit tost après la prise d'Anvers que la palissade fut commandée estre rompue et les forts, sur le

[1] Fort Saint-Philippe.

[2] Maximilien, comte d'Ostfrise et d'Over-Embden, seigneur de Durbuy, député de la noblesse du Limbourg, en 1566, gouverneur du pays de Limbourg.

[3] Charles de Ligne, comte d'Arenberg, premier prince d'Arenberg, fils de Jean de Ligne, comte d'Arenberg, tué à la bataille d'Heyligerlée, en 1568.

[4] Florent, comte de Berlaymont, fils puîné de Charles. En 1579, il succéda à son frère Gilles, dans le gouvernement de Namur et d'Artois. Plus tard, il obtint tous les titres de ses frères aînés, morts sans postérité et fut gouverneur du duché de Luxembourg. Il mourut à Namur, le 8 avril 1626.

[5] Philippe d'Egmont, prince de Gavre, fils de Lamoral et de Sabine de Bavière, tué à la bataille d'Ivry, 14 mars 1590.

[6] Emmanuel Philibert de Lalaing, marquis de Renty, baron de Montigny, seigneur de Chièvres et de Condé; grand bailly et gouverneur du Hainaut, mort le 27 octobre 1590, à l'âge de 33 ans, avait été le principal chef des malcontents. Un septième collier était destiné à Robert de Melun, marquis de Roubaix, on a vu plus haut qu'il périt avant de l'avoir reçu.

Costendik, abbatuz, horsmis ceux de Nordan[1] et de Lescluse, d'autant qu'on jugeoit la garde dudict Costendik estre encore nécessaire, de peur que l'ennemi, s'en emparant, le rompisse et vinsse à inonder la campagne ; demeurant néantmoins la gendarmerie quelque temps autour de la ville, en attendant quelque dessein que le prince avoit pour rendre la rivière tant plus libre sur le fort de Lieukenzuk[2] et autres prochains, pris par l'armée hollandoise, au commencement de leur arrivée ; mais le prince, voulant donner commencement à l'entreprise, et ayant faict jà passer à cest effect quelque huict pièces d'artillerie au quartier du marquis de Varambon, pour les porter sur des bateaux, laissa l'entreprise, ayant reconneu que les ennemis bâtissoient un fort sur le lieu auquel il avoit desseigné de s'embarquer.

Survint, ce pendant, une mutinerie entre les Valons, à faute de paye, non sans avoir voulu aucuns d'iceux susciter les autres nations, disant que puisque les Espaignols avoient esté payez entièrement, il estoit bien raisonnable aussi qu'ilz le fussent, attendu qu'ils avoient autant de part au service du roy et qu'ils supportoient les travaux de la guerre esgalement ; mais ils furent à la fin appaisez, et en lieu de deux payes qu'on destinoit à la gendarmerie, elle en receut quatre.

Et n'estant la saison plus commode de tenir en campagne, fut au bout de quelque temps l'armée répartie pour hiverner, et les Bourguignons avec les Anglois envoyez au pays de Gueldres, tant pour

---

[1] Ordam. Voyez plus haut.
[2] *Lieukenzuk*, Liefkenshoeck.

assister au sieur de Hautepine [1] le gouverneur, lequel on disoit estre foible, que, pour en hivernant, par mesme chemin, incommoder et endommager l'ennemy ; et d'autre part, le comte Charles de Mansfelt conduisoit environ soixante enseignes d'Espaignols en l'isle de Bommel, pour ce qu'on avoit advertissement que cette isle estoit grasse et abondante en vivres et autres commoditez, n'ayant dès longtemps suporté la guerre ; mais il ne s'y treuva ce que l'on espéroit, parce que les paysans se retirèrent, leurs personnes et leurs biens, dans la ville, abandonnant tous, au bruict de ceste nouvelle, la campaigne, sans y laisser que ce qu'ils ne purent emporter, encor que par aucuns avant-coureurs on leur eusse faict entendre que, se tenants en leurs maisons, ils seroient déffendus de violence et oppression ; et survenants les gens de guerre raisonnablement, car ayant les troupes espaignoles entré dedans l'isle, par le moyen d'une seule barque, sur laquelle ils passèrent au bout de quelques jours, ne treuvèrent aucuns vivres et furent deux jours entiers les soldacts sans avoir que porter en la bouche, endurant une extrême faim et puis un extrême froid, qui survint en mesme temps ; par le moyen duquel, environ cent cinquante ou deux

---

[1] Claude de Berlaymont, sieur de Haultepenne, septième fils de Charles de Berlaymont, naquit vers 1555. Il devint capitaine des gardes de Farnèse et colonel d'un régiment d'Allemands, auquel il donna son nom. Il s'empara de Breda en 1583, puis de Lierre, Eindhoven, Nimègue et Gueldre. Il mourut le 14 juillet 1587, des suites d'une blessure reçue au siége d'Engelen. Il était gouverneur de la Frise. STRADA fait un grand éloge de la bravoure et des talents militaires du sieur de Haultepenne. II, 505 et suiv.

cents d'entre eux hurent les piedz si fort gelez que, pour tout remède, ils fallut les coupper. Chacun peut estimer si c'estoit poinct un regret extrême ausdictes trouppes, composées d'une nation tant vaillante et renommée, la fleur de l'armée du roy, la pluspart vieux soldacts, qui s'estoient retreuvez en beaucoup de notables expéditions, de se voir périr de ceste sorte sans combatre, mesme à la veue des ennemis, lesquelles, arrivez d'Hollande avec quelques bateaux de guerre, tenoient l'eau assiégée et par signes et propos de mocqueries accroissoient aux trouppes l'ennuy de leur fortune. A la vérité les ennemis estoient au point d'emporter une victoire si mémorable, que jamais ils n'en eurent de telle; mais Dieu ne voulant faire ressentir une perte tant extraordinaire au roy, en une querelle tant juste, envoyant une soudaine gelée par laquelle en une nuict l'eau fut gelée, de telle façon que les bateaux des ennemis furent arrestez et les trouppes heurent moyen, le lendemain, de la passer, avec beaucoup de peine toutesfois, à raison de la foiblesse d'aucuns, causée tant du froid que de la faim. Si est-ce qu'en passant ne laissèrent de tirer force harquebusade contre les ennemis et les controignirent d'abandonner leurs bateaux et passer en l'isle[1]. Le prince, adverti de telle fortune, resentant infiniement le hazar et danger des trouppes, sorty deux journées de Bruxelles, pour y donner l'ordre possible en toute diligence, ne passat outre, en ayant appris, en chemin, l'issue.

Cette fortune passée, le mesme comte Charles est

[1] Sur cette campague, *voy*. STRADA, II, 398 et suiv. ; LE PETIT, II, 524.

ordonné de passer contre Grave, pour commencer de l'incommoder, attendant le temps de la serrer avec un juste siége, et d'autant qu'on estoit adverty que la ville estoit peu fournie de soldacts et de munitions. A son arrivée, le comte faict pilloter la rivière, logeant quelques Espagnols et Valons en certain fort, qu'il fit dresser sur icelle, pour davantage la tenir en bride ; mais tout ce ne peut empescher qu'à plusieurs fois n'y entrassent, tant par eau que par terre, nombre de soldacts et quantité de munitions de guerre, jusques à ce que survenu de Bruxelles, le prince, suivi, entre les chevaliers de l'ordre, du comte de Mansfelt, mareschal du camp, et du marquis de Varambon et accreue la gendarmerie, par la survenue des Bourguignons et terzes d'Italiens, ausquels le marquis commanda, fut le siége commencé à bon escient, par ordre du prince, lequel résolut de faire approcher l'artillerie de la muraille. Voulant aller en personne suivi du marquis de Varambon, comte Charles de Mansfelt et autres seigneurs, reconnoistre l'endroict le plus foible, heut son cheval tué sous luy, d'une balle d'artillerie ; à la fin bresche faicte, fut la ville rendue à composition[1], par le gouverneur[2] estant dedans, auquel, en retournant en Hollande, les Estactz du lieu firent du depuis trencher la teste, luy imputant la prise de la ville.

Dez là, le prince tire contre Venloo laquelle assiégée estant jà réduicte à beaucoup d'extremitez,

---

[1] Le 7 juin 1586. Sur ce siége, voyez STRADA, II, 410 à 418 ; LE PETIT, II, 530 ; VAN METEREN, 261 v°.

[2] Le baron Hemert, gueldrois, fut décapité par ordre de Leicester. LE PETIT, II, 531. STRADA, II, 418.

par les gentz du roy, qui courroient tout autour, n'attendit la batterie et composa de sa reddition[1]. Durant le siége, le marquis de Varambon, le jour avant qu'on voulusse poser l'artillerie, s'estant retrouvé au pied de la muraille pour la reconnoistre, allant visiter son quartier, faillit d'estre tuez par un coup de harquebute tirez dez le dessus d'une tour, qui luy perça le chapeau de part en part.

Voilà tout ce que je puis escrire, pour le présent, des exploicts de la gendarmerie royale, avec laquelle et la prudence et vigilance du prince et des chefz qui l'ont assisté, on est venu à bout de tant de peuples, et villes puissantes en multitude d'hommes, richesses et fortifications et en si peu de temps, comme d'environ quatre ans, à le prendre dez que les nations retournèrent[2], chose que plusieurs ne pouvoient et autres ne vouloient espérer. Si Dieu me faict la grâce de vivre, moyennant quelque loisir et la commodité, je poursuivray ce que suivra, en adjoutant à ce dont j'ay desjà escrit, ce qui me viendra de nouvel à connoissance; affin que je ne promette rien légèrement.

[1] Le 29 juin 1686. Sur ce siége, *voyez* STRADA, II, 419. LE PETIT, II, 531.

[2] C'est à dire depuis le retour des troupes espagnoles et étrangéres.

FIN.

IMPRIMÉ A BRUXELLES

CHEZ M. WEISSENBRUCH, IMPRIMEUR DU ROI

AUX FRAIS ET PAR LES SOINS

DE LA

SOCIÉTÉ DE L'HISTOIRE DE BELGIQUE

AVRIL MDCCCLXXIII

COLLECTION DE MÉMOIRES

RELATIFS A

L'HISTOIRE DE BELGIQUE

CATALOGUE DES PUBLICATIONS

1873

BRUXELLES

Au Siége de la Société

11, RUE DU MUSÉE, 11

TYPOGRAPHIE DE M. WEISSENBRUCH
IMPRIMEUR DU ROI

RUE DU MUSÉE, 11, A BRUXELLES

Conditions de Vente.

Les publications de la Société de l'Histoire de Belgique peuvent s'acquérir de deux façons :

1° Par une souscription de trente francs par an, pour les exemplaires sur fort papier à la main, avec titres en rouge. Ces exemplaires, destinés aux seuls souscripteurs ne se trouvent pas dans le commerce.

Les trente=huit volumes déjà parus peuvent être acquis par les nouveaux sociétaires au prix de trois cents francs.

2° Aux prix et conditions indiqués dans ce catalogue. Ces exemplaires, imprimés sur papier de moindre qualité avec titre en noir, sont dans le commerce.

qu'en *l'Europe, pour l'empereur Charles V et Phi-lippe II, roi d'Espaigne, son fils de glorieuse mé-moire;* — publié par P. De Cambry, prestre, licen-cié es-droits, chanoine de Renaix, son petit-fils.

Ce volume porte pour épigraphe : « *Lau-damus viros gloriosos et parentes nostros, in gene-ratione sua.* » Eccl. 44.

En dehors de leur intérêt historique, ces mé-moires présentent un tableau curieux des mœurs militaires de cette époque. Un vol.   Fr. 3 50

Nᵒ 2.

MÉMOIRES DE VIGLIUS ET D'HOPPERUS,

sur le commencement des troubles des Pays-Bas, avec notices et annotations, par Alph. Wauters, *archiviste de Bruxelles.*

Voici le titre des différents manuscrits qui com-posent ces mémoires :

1ᵒ Viglius. *Discours sur le règne de Phi-lippe II* (texte latin et traduction.)

2ᵒ Viglius. *La source et commencement des troubles suscitez aux Pays-Bas soubs le gouverne-ment de la Duchesse de Parme et du duc d'Albe par ceux qu'avaient prins le nom de geuex* (sic). 1563-1573.

3ᵒ Hopperus. *Recueil et mémoires des troubles des Pays-Bas du Roy.*

Wiger ou Viglius ab Aytta, né le 19 octobre 1507 au château de Barrahuys (Frise), fut prési-dent du conseil privé, abbé et premier prévôt de Sᵗ-Bavon, à Gand. — Joachim Hoppers (ou Hop-perus), né le 11 novembre 1523, fut secrétaire des conseils d'État et privé. Un vol.   Fr. 6 »

Nᵒˢ 3, 7, 12, 20, 24.

MÉMOIRES ANONYMES *sur les troubles des Pays-Bas*, 1565-1580, avec notice et annotations par J. B. BLAES ✝ (t. I, II et III) et par ALEX. HENNE (t. IV et V).

Ces mémoires avaient été attribués à James Gruterus ; mais, dans sa notice, J.-B. Blaes mettait cette paternité fort en doute. — M. Alex. Henne, qui a continué le travail de cette édition, a espéré un moment, sur une note du célèbre graveur Philippe Galle, pouvoir restituer cette propriété littéraire à un docteur Roi (Coninck ou de Koninck) ; mais rien n'est encore venu confirmer ces espérances.

Les *mémoires anonymes*, au reste, quelqu'en soit l'auteur, constituent un des monuments les plus importants de l'histoire des années 1565 à 1580. Cinq vol. Fr. 32 50

Les deux premiers volumes ne se vendent plus séparément des trois autres.

Nᵒˢ 4, 21.

MÉMOIRES DE PASQUIER DE LE BARRE ET DE NICOLAS LE SOLDOYER, *pour servir à l'histoire de Tournai*, 1565-1570, avec notice et annotations, par ALEX. PINCHART, *chef de section aux archives générales du rogaume.*

Pasquier de le Barre fut procureur général de la ville de Tournay ; poursuivi comme hérétique, il fut exécuté à Vilvorde, le 29 décembre 1568. Le manuscrit des mémoires porte pour suscription : *Recueil par forme de mémoires des actes et choses plus notables que sont advenues ès Pays-Bas et especiallement en la ville et cité de Tournay, depuis l'an mil cinq cens et soixante-cinq, mins et rédigées par escript par* Pasquier de le Barre, *natif dudit Tournay, jusqu'en l'an* v^c, etc. Deux vol.　　　　　　　　　　　　　Fr.　13　»

Le premier volume ne se vend plus séparément.

N° 5.

MÉMOIRES DE JACQUES DE WESEN-BEKE, avec une introduction et des notes, par Ch. Rahlenbeck.

C'est la réimpression de *La défense de* Jacques de Wesembeke, *jadis conseiller et pensionnaire de la ville d'Anvers, contre les indeuës et iniques citations contre luy décrétées.*

Elle avait été imprimée en janvier 1569 avec l'épigraphe : « Hiere IX. — *Ils restendent leur langue comme un arc à mensonge ; ils font violentes injustices sur la terre, et cheminent d'un mal à l'autre. Ils ont enseigné leur langue à parler mensonge et ont prins paine de faire injustement. Leur langue est un trait navrant, elle profère fraude.* Un vol.　　　　　　　　Fr.　6 75

N° 6.

MÉMOIRES DE FRÉDÉRIC PERRENOT, sieur de CHAMPAGNEY, 1513-1590, avec

notice et annotations, par A. L. P. DE RO-BAULX DE SOUMOY.

Frédéric Perrenot, né à Barcelone, le 3 avril 1536, fut gouverneur d'Anvers, conseiller au grand conseil des finances, etc. Il mourut en 1600.

M. DE ROBAULX a réuni sous le titre général de *mémoires :*

1° RECUEILS D'ARÉTOPHILE : *Par quel moyen les Espaignols amutinez entrèrent à Anvers, le* xxvj *d'april* 1574. — *Comment les Espaignols amutinez avec leur associéz entrèrent en la ville d'Anvers, le iiij de novembre l'an* xv° *lxxvi.* — *Lettres, traités,* etc.

2° MÉMOIRES : *Discours sur l'Estat des Pays-Bas et son redressement, donné au duc de Medina Celi, lorsqu'il partit desdits pays vers Espagne, par le seigneur de Champagney, l'an* 1572. — *Discours sur les affaires des Pays-Bas,* 1590. — *Mémoires de Champagney sur ses affaires particulières.*

3° APPENDICE : *Discours véritable sur ce qui est advenu, touchant l'Alborote et esmotion des Espaignols mutinez ès isles de Zelande, incontinent après la prise de Ziericzée, le second de juillet* 1576. — *Mission du seigneur de Champagney en Angleterre.* Un vol.   Fr. 8 »

Nᵒˢ 8, 17.

COMMENTAIRES DE BERNADINO DE MENDOÇA, *sur les événements de la guerre des Pays-Bas,* 1567-1577, traduction nouvelle.

par LOUMYER, avec notice et annotations, par le général GUILLAUME.

Bernardino de Mendoça, né vers 1530, fit ses premières armes en Afrique. — Historien distingué et homme d'état, ayant assisté à presque tous les événements des guerres qu'il raconte, il a connu les personnages dont il parle, il les a entendu discuter, dans l'état-major du plus illustre capitaine de son époque, les projets, les plans de campagne et toutes les circonstances de la guerre. Il a donc en ces matières une grande autorité. Deux vol.   Fr. 15 25

Le premier volume ne se vend plus séparément.

Nᵒ 9.

MÉMOIRE SUR LE SIÉGE DE TOURNAY, 1581, par PHILIPPE WARNY DE WISENPIERRE, avec notice et annotations, par A. G. CHOTIN, auteur de *l'histoire de Tournay*, des *expéditions maritimes de Charles-Quint en Barbarie*, etc.

L'auteur de ce petit mémoire était un vrai royaliste ; il assistait aux événements de ce' siége mémorable en spectateur hostile aux assiégés, il constate néanmoins l'héroïsme incontestable de toute cette population, hommes, enfants, filles ou femmes qui défendent leurs libertés et leur nationalité contre les Espagnols. Une br.   Fr. 1 »

Nᵒˢ 10, 11.

MÉMOIRES DE PONTUS PAYEN, avec notice et annotations, par ALEX. HENNE, auteur de

*l'histoire du règne de Charles-Quint en Bel-
gique*, etc.

Pontus Payen, seigneur des Essarts était avocat;
il fut annobli par Philippe II, le 19 mai 1582. —
Les renseignements manquent sur lui. Les mémoires publiés par M. Alex. Henne présentent un
vif intérêt. Ce sont les seuls qui contiennent le
commencement d'un « *livre séquent* » annoncé par
l'auteur et qui s'arrête malheureusement à l'entrée en fonctions du conseil des troubles. Deux
vol.   Fr. 10 50

Le premier volume ne se vend plus séparément.

Nᵒˢ 13, 16.

MÉMOIRES DE FRANCISCO DE ENZINAS,

texte latin inédit, avec la traduction française du XVIᵉ siècle en regard, 1543-1545,
publiés avec notice et annotations, par
CH. AL. CAMPAN.

Le titre original de cet important ouvrage était:
a). Dans le manuscrit latin : *De statu Belgicæ
religione hispanica historia Francisci.*
b). Dans la traduction imprimée au XVIᵉ siècle :
*Histoire de l'Estat des Pais-Bais et de la religion
d'Espagne par* FRANÇOIS DU CHESNE.
Le manuscrit latin dont l'éditeur s'est servi
pour reproduire le texte original, est le seul manuscrit connu de l'ouvrage d'Enzinas; il appar-
tient à la bibliothèque du Gymnase d'Altona en
Danemarck. C'est un petit in-4°, couvert en
parchemin d'une belle écriture espagnole du

xvi⁰ siècle ; il est bien conservé malheureusement les seize premiers feuillets ont été lacérés.

Jusqu'ici le texte latin n'avait jamais été publié, quoiqu'en ait dit Prosper Marchand. — La traduction, faite en 1558 par un auteur inconnu, est écrite dans le meilleur et le plus beau français du xvi⁰ siècle :

Voici les divisions de la publication :

a). Tome I⁰ʳ, deux parties :

1ʳ⁰ partie : Du § ɪ au § cxɪv.

2⁰ partie : *Procès des bourgeois de Louvain.* C'est un fragment de la *Gazette des Tribunaux* de 1543. Il présente un vif intérêt et confirme d'une façon irréfragable l'exactitude et la bonne foi du récit d'Enzinas.

b). Tome II : Du § cxv au § ccxxxv et pièces justificatives. Deux vol.　　　Fr.　19 50

Le premier volume ne se vend plus séparément.

Nᵒˢ 14, 18.

PROCÈS DE FRANÇOIS ANNEESSENS ,

doyen du corps des métiers de Bruxelles, publié avec notice et annotations, par L. Galesloot, *chef de section aux archives du royaume.*

Ce procès, un des épisodes les plus émouvants des troubles dont la ville de Bruxelles a été le théâtre de 1717 à 1719, a été retrouvé, par son éditeur, dans les archives de l'ancien conseil de Brabant. Il est divisé en quatre parties :

1⁰ L'acte d'accusation ou réquisitoire du ministère public ;

2° L'interrogatoire subi en prison par Anneessens ;

3° *a*). Les *verbaux*, plaidoirie sommaire entre
le procureur général et l'accusé qui n'a pu obtenir
de conseil.

b). Le recolement des témoins à charge.

c). Les dépositions des témoins à décharge.

4° La sentence du doyen.

Ce procès est suivi du mémoire justificatif d'un
autre doyen, nommé Lejeusne, arrêté en même
temps qu'Anneessens ; il est plein d'intérêt et sa
publication, ainsi que celle de la justification des
doyens des nations de Bruxelles, présentée à l'empereur Charles VI, est une œuvre d'équité ; c'est
la défense refusée aux accusés devant leurs juges,
qui est soumise aujourd'hui à l'appréciation im-
partiale de la postérité.

Deux vol.   Fr. 11   »

Le premier volume ne se vend plus séparément.

N° 15.

MÉMOIRES SUR EMMANUEL DE LA-LAING, baron de Montigny, publiés par feu J.-B. Blaes.

C'est le « *Récit des causes qu'ont meu le Seigneur
de Montigny à se retirer de l'union des Estats
généraux* ».

Commandant d'une troupe aguerrie et toute
dévouée à sa personne, ce jeune capitaine chercha
à empêcher sa dissolution et à faire acquitter les
sommes qui lui étaient dues. De là ses démarches
contradictoires auprès des États généraux, du
prince d'Orange, du duc d'Alençon, de Margue-

rite de Navarre et de l'archiduc Mathias, puis ses hésitations et enfin ses négociations avec Valentin de Pardieu, seigneur de la Motte.

Le mémoire, qu'il fit écrire par un fidèle serviteur ou un ami, est un plaidoyer de circonstances atténuantes pour une conduite un peu cauteleuse et hazardée. Cette justification présente un haut intérêt ; mais la notice qui la précède, due à la plume d'un jeune historien mort à la fleur de l'âge, possède surtout une grande valeur historique et supplée d'une façon remarquable *au silence* du chef des *malcontents*. Un vol.

Fr. 2 00

Nº 19.

HISTOIRE DES TROUBLES ADVENUES A VALENCIENNES, *à cause des hérésies,* 1562-1579, *tirées de plusieurs écrits en* 1699, par PIERRE JOSEPH LE BOUCQ, publié avec notice et annotations, par A. P. L. DE ROBAULX DE SOUMOY.

Pierre-Joseph Le Boucq, écuyer, seigneur de Camcourgeau, né à Valenciennes, le 8 janvier 1663, a écrit sous ce titre un long martyrologe des réformés, d'après des mémoires laissés par des royalistes contemporains des événements, entre autres *Joachim Goyemans* et *Jehan Laloux.* Cette origine est indiquée pr le second titre du manuscrit déposé à la bibliothèque de Mons. Un vol.

Fr. 3 25

Nº 22.

MÉMOIRES SUR LES TROUBLES DE GAND, 1577-1579, par FRANÇOIS HALEWYN, *sei-*

gneur de Zweveghem, publiés avec une introduction et des notes, par KERVYN DE WOLKAERSBEKE.

L'auteur de ces mémoires était, disent les écrits de l'époque, un homme « cruel et sanguinaire » ; dans ces temps de guerres civiles et religieuses les passions éclatent violentes et cruelles ; l'auteur de ces mémoires fut lui-même une des victimes du hardi coup de main, qu'Hembyse et Ryhove dirigèrent contre le duc d'Arschot. Son écrit mérite d'être consulté; mais on doit toutefois se tenir en garde, contre la haine que devaient lui inspirer ses adversaires. Un vol. Fr. 5 50

Nᵒ 23.

LES SUBTILS MOYENS, *par le cardinal Granvelle avec ses complices, inventez pour instituer l'inquisition*, publiés avec une introduction et des notes, par CH. RAHLENBECK.

Ce pamphlet peut être considéré comme un de ces échos de la *voix du peuple*, trop négligée par les chroniqueurs courtisans, inconnue à ceux qui écrivirent sur la terre d'exil; il mérite donc d'être lu et jette quelque lumière sur une partie obscure de l'histoire de la Belgique.

En voici le titre original : *Les subtils moyens par le cardinal Granvelle avec ses complices inventez pour instituer l'habominable inquition* (sic) *avec la cruelle observation dez placcartz contre ceulx de la religion. Pour ainsy par dessus les empereurs, roys, seigneurs, nobles et toute temporalité dominer et ce* (sic) *faire prier et adorer.*

*Desquels les nobles du Pays-Bas avec les paysans
et nobles seigneurs leurs alliéz advertiz ont avec
bonne et juste raison alencontre apposez.*

Fr. 1 50

N° 25.

BERGUES SUR LE SOOM, *assiégée le 18 de
juillet 1622 et désassiégée le 3 d'octobre en
suivant selon la description faite par les trois
pasteurs de l'église d'Icelle*, avec une introduction et des notes, par Ch. Al. Campan.

> « L'Éternel a esté jaloux de sa terre et a
> « esté esmeu de compassion envers
> « son peuple. » (Joel, II, vers. 13.)

Les trois pasteurs protestants avaient nom
Lambert de Rycke, Nathan Vay, Job du Rieu.
Ce n'est qu'un épisode militaire de la grande
lutte qui a précédé l'affranchissement des provinces Nord des Pays-Bas ; mais au point de vue
historique la relation des trois pasteurs présente
un document du plus haut intérêt comme étude
des mœurs et des coutumes des habitants des provinces confédérées, comparés à ceux de l'Espagne. C'est un hommage rendu au gouvernement des Provinces-Unies qui le premier a mis un
frein aux horreurs de la guerre, en plaçant le
droit au dessus de la force, en substituant l'ordre
au pillage et à la débauche d'une soldatesque
effrenée. Un vol. Fr. 8 »

N° 26.

ABRÉGÉ HISTORIQUE DU RÈGNE D'AL-
BERT ET ISABELLE, 1592-1602, avec

une introduction et des notes, par ADRIEN CAMPAN.

Cette étude historique, existe à la bibliothèque de Bourgogne, sous le n° 12,588, elle est l'œuvre d'un historien juge érudit et impartial d'une époque difficile et sainement appréciée. Elle paraît être l'œuvre d'un Belge catholique; mais elle parle des événements avec une scrupuleuse exactitude et les apprécie avec une grande sûreté de vues et une remarquable impartialité. Par malheur c'est un travail *inachevé* dont la suite paraît être perdue.   Fr.   3   »

N° 27.

TROUBLES DE BRUXELLES DE 1619, *justification apologétique pour l'advocat Rombaut van Uden*, publiée avec une introduction et des notes, par L. GALESLOOT, *chef de section aux archives du royaume.*

Rumoldo ou Rombaut Van Cuyk, dit *Stamelaert Van Uden*, d'une famille originaire de Bois-le-Duc, naquit à Bruxelles, et fut admis comme avocat du conseil de Brabant, le 17 juillet 1604. Il fut en 1619 l'avocat des neufs nations ou métiers de Bruxelles dans une des luttes les plus énergiques et les plus curieuses que soutint cette turbulente institution communale contre les souverains des Pays-Bas.

Voici le titre exact du factum : « *Justification apologetique pour l'advocat Van Uden aux sérénissimes et invictissimes prince Albert et Isabel-Clara-Eugenia par la grace de Dieu infante d'Es-*

pagne, archiducqz d'Austric, ducqz de Bourgoigne et de Brabant, etc., ses souverains seigneurs et princes naturels que Dieu conserve. Un vol.

Fr. 4 50

Nᵒˢ 28, 29.

HISTOIRE GÉNÉRALE DES GUERRES DE SAVOIE, DE BOHÊME, DU PALATIÑAT ET DES PAYS-BAS, 1616-1627,

par le seigneur Du Cornet, *gentilhomme belgeois*, avec une introduction et des notes, par A. L. P. de Robaulx de Soumoy,

Louis de Haynin, seigneur du Cornet, de Fremicourt, de Liramont, était fils d'Adrien de Haynin, écuyer, bailli général du chapitre de Cambrai et de Françoise de Louvel. Il fut reçu bourgeois de Douai, le 29 mars 1618; il devint par suite échevin de cette ville en 1622 et 1625, chef des six hommes en 1628, 1631, 1634, 1637, chef des échevins ou du magistrat en 1629, 1632, 1635, 1638. Par lettres patentes de Philippe IV, signées à Madrid, le 29 août 1633, il fut créé chevalier, il mourut à Douai, le 5 septembre 1640.

Louis de Haynin, est élève des Jésuites. Pur royaliste, catholique ardent, il est dévoué au pouvoir qui protége la foi et son culte; il combat énergiquement les croyances nouvelles. De là des erreurs fréquentes dans les exposés des causes des guerres dont il a entrepris le récit. Du reste, il n'a pas été acteur dans ces grandes luttes il a tout « apris au vray par le retour de l'armée du roi « d'Espagne en Belge, toutes les particularités « d'icelles, de la bouche mesme de divers capi-

« taines, tant de chevaux que d'infanterie, qui ont
« esté partout, etc... » L'exactitude de ces récits
de grands événements militaires n'en est pas
moins incontestable. Un curieux document donné
en appendice de la guerre de Bohême en fait foi.
C'est la « *relation du voiage faict par le régiment
wallon de monseigneur le ducq de Bournonville* »
par un jeune soldat wallon dont le nom de guerre
était La Moisson. Cette relation commence le 5 mai
1619 et s'arrête brusquement à la fin du mois de
septembre 1620, après la prise de Piseck et au moment où les armées de l'Empire et de la ligue
catholique marchent sur Prague. C'est le journal
de la vie d'un soldat, écrit avec simplicité et exactitude; les actions d'éclats y sont célébrées par des
chansons qui ne brillent point par l'élan poétique,
mais qui disent avec justesse les sentiments des
soldats.

Les tableaux de la situation des troupes natio-
nales, publiés en appendice après chacune des
guerres dont Louis de Haynin s'est fait l'historien,
constituent des documents du plus haut intérêt
pour l'histoire militaire de la Belgique et pour la
généalogie des grandes familles du pays. Deux
vol.   Fr. 18 »

Le premier volume ne se vend plus séparément.

N° 30.

RELATIONS DES CAMPAGNES DE 1644
et 1646, par Jean Antoine Vincart, *secrétaire des avis secrets de guerre.* Texte espagnol tiré des archives du royaume avec la
traduction en regard, introduction et notes,

par Paul Henrard, *capitaine commandant d'artillerie*.

Ce sont les rapports fidèles des événements militaires de 1644 et de 1646, adoucis lorsque le secrétaire des avis secrets de guerre a des revers à signaler, un peu forcés lorsque ce sont des succès, mais toujours vrais quant au fond. — Ces époques de 1644 et 1646 ont leur éloquence ; du côté de l'Espagne Piccolomini duc d'Amalfi, le baron Beck, le comte de Bruquoy, Fecensaldana, le comte de Lamottry, le duc de Lorraine, Francisco de Mello, Caracena, le prince de Ligne combattent contre le duc d'Enghien, depuis le prince de Condé, le maréchal Gassion, le maréchal de la Meilleraye, le duc d'Orléans, le maréchal de Grammont et le vicomte de Turenne que seconde le duc d'Orange. Dans ces noms également glorieux que d'intérêt au point de vue de l'histoire politique et de l'histoire militaire ! Un vol. Fr. 12 »

Nos 51, 55, 58

MÉMOIRES DE MARTIN ANTOINE DEL RIO SUR LES TROUBLES DES PAYS-BAS, *durant l'administration de don Juan d'Autriche*, 1576-1578, texte latin inédit avec traduction française, notice et annotations, par l'abbé Ad. Delvigne, *curé de Notre-Dame du Sablon.*

Martin Antoine Del Rio, naquit à Anvers, le dimanche de la Pentecôte, 17 mai 1551. Il était fils d'Antoine Del Rio, seigneur de Cleydael et d'Aertselaer, et de Éléonore Lopez. Il fut nommé conseiller de Brabant en 1575, en 1577 auditeur général, en 1578 vice-chancelier de Brabant et questeur du fisc royal. Après la mort de Don Juan, il alla en Espagne où il entra à Valladolid, dans la Compagnie de Jésus, le 9 mai 1580 à l'âge de 29 ans. Dès lors, il se voua tout entier à l'enseignement.

Le manuscrit latin porte pour titre : *Manuscriptum. Reverendissimi Episcopi tunc temporis Buscoducensis quo seditio et rebellio per Principes et præcipuos ferens omnes nobiles huius Patriæ, per Ordines Brabantiæ ceterosque aliarum provinciarum contra Regem Hispaniæ legitimum suum Principem est continuata a morte Ludovici Requisini magni commendatoris castiliæ usque ad ingressum Joannis Austriaci.* Trois vol.

Fr. 23 «

Les trois volumes ne se vendent plus séparément.

N° 32.

CONSIDÉRATIONS D'ESTAT SUR LE TRAICTÉ DE LA PAIX *avec les sérénissimes archiducz d'Austriche*, manuscrit de 1609, avec une introduction et des notes, par CHARLES RAHLENBECK.

Le manuscrit n'est pas signé, toutefois de fortes présomptions le font attribuer à Pierre Brederode, jurisconsulte hollandais qui avait la réputation d'un négociateur habile et qui résidait en 1607 à la cour palatine en qualité d'agent des États-généraux.

Comme document historique les « considérations d'Estat » ont une grande valeur et la com-
paraison minutieusement faite par l'éditeur avec
les deux manuscrits connus de cet écrit, con-
stitue un intéressant commentaire des oscillations
de l'opinion publique pendant les préliminaires
de la trève de 1607. Un vol.   Fr. 3 50

N° 55.

HENRI IV ET LA PRINCESSE DE CONDÉ,

1609-1610, précis historique suivi de la *correspondance diplomatique de Pecquius* et
d'autres documents inédits, par PAUL HEN-
RARD, *capitaine commandant d'artillerie.*

Le titre en dit assez, c'est le roman par lettres
des dernières amours de Henri IV, du petit dessein caché sous le grand dessein que Sully nous
révèle dans ses *royales économies*, mais que Riche-
lieu, dans ses mémoires, juge sévèrement et avec
des restrictions bien dignes d'un rival jaloux d'un
grand mort. On voit dans ces correspondances jusqu'où étaient descendus les représentants des
plus grandes familles de France, consentant à se
faire les complices du roi, dans cette croisade
amoureuse.

D'un autre côté le caractère étroit mais hono-
rable de l'archiduc Albert se révèle par la fermeté
et la persévérance avec lesquelles il refuse de
rendre la princesse de Condé. Un vol.   Fr. 9 »

Épuisé.

Nº 54.

HISTOIRE DE L'ARCHIDUC ALBERT, *gouverneur général puis prince souverain de la Belgique*, par M. DE MONTPLEINCHAMP, annotée par A. L. P. DE ROBAULX DE SOUMOY.

Jean Bruslé naquit en 1641 ; son père Nicolas Bruslé était un modeste fourbisseur ; sa mère avait nom Jeanne Faber. Notre auteur a tour à tour signé ses œuvres M. de Fabert, Louis de Gérimont, M. de Palaidor, M. de Montpleinchamp et ce nom lui est resté ; pourquoi ?... Cette histoire de l'archiduc Albert est un panégyrique, une compilation exécutée sans beaucoup d'ordre, de goût et de discernement ; mais, bien que vivant un demi siècle après l'archiduc, l'écrivain a été en rapport avec les contemporains de ce prince et avec leurs descendants directs ; c'est d'eux qu'il a recueilli la tradition de cette époque. Ses récits, assez mal rattachés les uns aux autres, gagnent par leur désordre même un certain caractère d'authenticité ; on voit qu'ils ont été puisés à des sources diverses ; ils reflètent fidèlement les idées du temps où ils ont été écrits, aussi bien que les sentiments et les préjugés de leur auteur. Ce sont de véritables mémoires ; ils rappellent des faits peu connus et donnent des détails souvent du plus haut intérêt que l'on chercherait vainement ailleurs. Un vol.   Fr.   13   »

Épuisé.

N° 56.

CHRONIQUE DES ÉVÉNEMENTS *les plus remarquables arrivés à Bruxelles, de* 1780 *à* 1827, publiée par L. GALESLOOT, *chef de section aux archives du royaume.*

TOME PREMIER.

Ce journal, sorte de mémorandum écrit par un modeste vicaire de Bon-Secours, croit-on, présente sous une forme naïve un tableau simple et saisissant d'une des périodes les plus importantes de l'histoire de Belgique. Un vol.　　Fr.　6　»

N° 57.

PROCÈS DE MARTIN ÉTIENNE VAN VELDEN, *professeur à l'université de Louvain,* publié avec une introduction et des notes, par ARMAND STEVART, *ingénieur.*

Martin-Étienne Van Velden, naquit à La Haye en 1664. Élève de l'Alma Mater, dès 1688, il y siégeait en qualité de professeur primaire. Il essaya d'introduire à Louvain les principes du cartésianisme, mais il ne réussit qu'à amasser contre lui une sourde hostilité, qui éclata le 15 janvier 1691, lorsqu'il soutint la thèse que « *la terre doit être rangée parmi les planètes qui toutes circulent autour du soleil* » . De là, le curieux procès dont M. Stevart s'est fait l'historien. C'est un document précieux pour apprécier la valeur de l'instruction à la fin du XVIe siècle. Un vol.　　Fr.　4 50

Épuisé.

Les 38 premiers volumes de cette collection peuvent être acquis ensemble pour　　　　fr. 246 50

SOUS PRESSE :

N° 39.

CHRONIQUE DES ÉVÉNEMENTS LES PLUS REMARQUABLES, arrivés à Bruxelles de 1780 à 1827, tome II, publiée par L. GALESLOOT, chef de section aux archives du royaume.

On trouvera dans ce volume le récit des émotions qui agitèrent les habitants de la ville de Bruxelles pendant la bataille de Waterloo. Le tableau de cette mémorable journée émeut et attache singulièrement par la simplicité même et la naïveté du conteur. Ce volume contiendra aussi, comme annexe, un récit de la persécution dont les Séminaristes de Gand ont été victimes en 1813.

N° 40, 41.

CONSIDÉRATIONS SUR LE GOUVERNEMENT DES PAYS-BAS, attribuées à LIÉVIN ÉTIENNE VAN DER NOOT, M. S. de la Bibliothèque royale, N° 12,828, tomes I et

II, publiées par A.-L.-P. DE ROBAULX DE SOUMOY.

Au mois d'avril 1864, M. le Ministre de l'Intérieur avait consulté la Commission royale d'histoire sur l'utilité de publier quelques Mémoires relatifs à la Constitution et au gouvernement des Pays-Bas et encore inédits; il citait dans le nombre l'œuvre attribuée à L. E. Van der Noot. La Commission royale d'histoire, absorbée par les soins de nombreuses et importantes publications, s'excusa de ne pouvoir, dans ce moment, remplir les intentions de M. le Ministre, elle exprima en même temps, le désir de voir la Société d'histoire de Belgique se charger de la publication de ces Mémoires ; frappée de leur importance et de l'intérêt qu'ils offrent, au point de vue politique et historique, la Société n'a pas hésité à répondre aux vœux de M. le Ministre de l'Intérieur et de la Commission royale d'histoire, et elle croit faire chose utile en livrant à la publicité les *Considérations sur le gouvernement des Pays-Bas*, avec des annotations propres à en élucider le texte.

Nº 42.

MÉMOIRES DES EXPLOITS DE LA GEN-DARMERIE DU ROY PHILIPPE, *très catholicque roi des Espagnes, ès pais bas de Flandre, durant le gouvernement d'Alexandre, prince de Parme et de Plaisance, depuis la pacification des provinces récon-*

ciliées, avec préface et annotations de feu
Jules Borgnet.

L'auteur de ce petit ouvrage ne se nomme pas,
mais l'éloge qu'il fait des troupes bourguignonnes
démontre assez clairement qu'il était de la Franche-
Comté, province dépendante alors de l'Espagne.

Fut-il témoin oculaire des faits qu'il rapporte ?
Rien ne le prouve suffisamment. Mais il semble
assez probable qu'il était attaché à la personne de
Marc de Rye, marquis de Varembon, colonel bourguignon au service d'Espagne.

Le rôle qu'il fait jouer à cet homme de guerre
est même d'une importance si grande que ce
récit pourrait parfaitement s'intituler « Mémoires
du marquis de Varembon ».

PUBLICATIONS

DE LA

SOCIÉTÉ DES BIBLIOPHILES DE BELGIQUE

Nº 1.

CORRESPONDANCE DE MARGUERITE D'AUTRICHE, *duchesse de Parme*, avec PHILIPPE II, suivie des interrogatoires du comte d'Egmont, publiée par le BARON DE REIFFENBERG. Bruxelles, 1842.

Un vol. gr. in-8º.

Ne se vend plus séparément.

Nº 2.

LETTRES SUR LA VIE INTÉRIEURE DE L'EMPEREUR CHARLES-QUINT, écrites par GUILLAUME VAN MALE, *gentilhomme de sa chambre*, publiées pour la première fois, par le BARON DE REIFFENBERG.

Un vol. gr. in-8º.   Fr. 5 »

Nº 3.

MÉMOIRES DU DUC CHARLES DE CROY, publiés par le BARON DE REIFFENBERG.

Un vol. gr. in-8º.   Fr. 10 »

Les trois volumes réunis 30 fr.